자신을 사랑하는 일에
부지런함을 보여주세요.

나를 사랑할 결심

단단한 나를 만드는 28가지 멘탈 관리법

나를
사랑할
결심

박한평 지음

상상출판

차
례

들어가며 |

지금, 나를 사랑할 시간   10

Part 1. 당신도 당신에 대해 모를 수 있습니다

누구나 오늘 몫의 불안을 지니고 있다   16

어쩌면 나에게 가장 무례한 사람은   23

나를 지키기 위해 필요한 가면   31

예민함을 자양분 삼아 성장할 것   39

두려움에서 벗어나기   49

나를 판단하는 말에 함부로 동의하지 말 것   57

콤플렉스를 보란 듯이 극복할 것   64

Part 2. 무너진 것은 다시 세우면 됩니다

자존감의 높낮이가 좋고 나쁨을 뜻하진 않는다   74

완벽해지고 싶은 마음에 사로잡혔다면   80

경험치가 쌓여야 보이는 것이 있다   88

걱정은 잘하고 싶은 마음에서 태어난다   97

당신은 우울한 감정을 소화할 수 있다   106

혼자일 수도 있어야 한다   114

어제의 당신이 오늘의 당신에게 하는 말   120

Part 3. 다양한 관계 속에서 성장하고 있습니다

가까울수록 지켜야 하는 선이 있다   130

당신을 이유 없이 싫어하는 사람도 있다   137

사과가 습관이 되지 않도록 경계할 것   144

관계의 중심에서 존재를 외치다   151

가만한 시간이 필요하다   160

사람이 걸러지는 계기가 있다   167

대체 불가능한 사람이 될 것   174

Part 4. 나를 사랑하는 중입니다

충분히 다정하고, 언제나 상냥할 것   184

상황이 엉망이 돼도 당신은 망가지지 않는다   188

오늘 하루를 쌓는 일에 집중할 것   193

매일 하는 사람, 그만두지 않는 사람   202

나, 이거 좋아하는 사람이었네   210

일상을 지탱하는 기둥을 세울 것   218

이 길이 아니면 다른 길로 가면 된다   226

나가며 |

있으면 좋은 것, 있어야 하는 것, 없으면 안 되는 것   235

지금, 나를 사랑할 시간

언젠가 버크셔 해서웨이 CEO '워런 버핏Warren Buffett'이 인터뷰에서 청중들에게 이런 말을 한 적이 있습니다.

"마음속에 여러분이 원하는 자동차를 한 대 골라보세요. 상상해 보는 것만으로도 정말 좋습니다. 그렇죠? 취향에 맞는 색상도 마음껏 고르세요. 옵션도 잔뜩 넣으시고요. 그러면 지금 여러분이 고른 그 자동차가 리본이 달린 채 집 앞에 놓여 있을 것입니다. 분명 여러분은 엄청 궁금해할 거예요. 이 자동차의 조건과 대가가 무엇인지 말이죠."

갑작스러운 자동차 이야기에 청중들은 웅성대기 시작했

습니다. 사람들의 표정과 반응을 골고루 살피던 워런 버핏은 말을 이어갔습니다.

"조건은 이것입니다. 그 자동차는 여러분이 평생 타야 하는 유일한 자동차라는 것입니다. 평생 그 차만 타야 해요. 이것이 반드시 지켜져야 할 조건입니다. 이 자동차가 여러분의 인생에 단 한 대뿐인 자동차라는 걸 깨닫게 된다면 여러분은 그 자동차를 어떻게 대하게 될까요? 물어볼 필요도 없이 여러분이 할 수 있는 최선의 노력으로 소중히 돌보며 탑승할 것입니다. 아마 믿기 힘들 정도로 열심히 관리할 거예요."

워런 버핏의 이야기는 계속 이어졌지만, 여전히 그가 무슨 말을 하는지 알아차리는 사람은 아무도 없었습니다. 이어지는 그의 말에 청중들은 새로운 깨달음을 얻었고 모두가 고개를 끄덕였습니다.

"여러분 인생에서 가지게 될 자동차는 아마 한 대가 아닐 것입니다. 때가 되면 새로운 자동차를 구입해야 해요. 더 좋은 자동차를 구매하는 게 가능하기도 하겠죠. 그렇지만 여러분의 몸과 마음은 단 하나뿐입니다. 당신이 가질 수 있는 건 지금 가지고 있는 것이 전부이고, 다시 주어지지 않습니다. 지금 여러분의 몸과 마음은 건강한 상태인 것처럼 느껴질 거예요. 하지만 그 건강함은 평생 유지되어야 합니다. 단 하나뿐인 여러분의 몸과 마음을 50세가 되어서야 돌보기 시작하면 너무 늦습니다. 주기적으로 살펴보고, 정성으로 돌보고, 제때 점검을 받지 않으면 잔뜩 녹슬어 버린 걸 발견하게 될 거예요. 그러니 반드시 이것을 기억하세요. 여러분의 몸과 마음은 하나뿐이고 평생 가지고 살아야 한다는 사실을 말이죠."

삶을 구성하는 요소들이 많지만, 대부분 교체가 가능하거나 새로운 것을 구매할 수 있을 것처럼 대하고 있는 것 같습니다. 하지만 '마음'이 단 하나뿐이라는 사실은 많은 사람이 망각한 채 살아가고 있는 듯합니다. 정성 들여 돌보지 않으면 금방 녹슬어 버린다는 사실까지도요.

그나마 우리의 몸은 통증과 함께 적신호를 꽤 직접적으로 알려오기도 하지만 마음은 달라요. 언제 상처를 받았는지, 얼마나 아픈 건지 제대로 알려주지 않습니다. 자존감이 낮아지거나 마음이 무너지는 경험은 그래서 모두에게 항상 낯설어요. 이것을 어떻게 다뤄야 하는지 제대로 아는 사람도 많지 않고요. '몸과 마음을 돌봐야 한다'라는 간단한 문장은 당연하게 느껴지지만, 당연한 일이 항상 쉬운 것은 아닙니다.

저는 당신의 마음에 관심을 가지고 있고, 이 책은 그런 당신을 위해서 쓰였습니다. 평생 하나만 가지고 살아가야 하는 '마음'을 돌보는 방법을 알려주기 위해서 말이죠. 낮아진 자존감과 무너진 마음을 일으켜 세우고, 일상을 지탱하고, 앞으로 나아갈 수 있게 하는 마음가짐을 차근차근 알려줄 것입니다.

'지금, 나를 사랑할 시간.'

당신이 당신을 사랑할 시간은 지금입니다. 나중에 언젠가 하겠다고 미뤄두고, 덮어두기 시작하면 너무 늦어요. 우리에겐 자신을 사랑할 결심이 필요합니다. 그리고 그건 지금이 아니면 의미가 없어요.

오늘 더 사랑하세요. 할 수 있는 최대한으로.

Part 1

당신도 당신에 대해
모를 수 있습니다

누구나 오늘 몫의 불안을 지니고 있다

생각보다 꽤 많은 사람이 자신의 마음이 어떤 상태인지, 무 엇을 원하는지 모른 채로 살아갑니다. 아니, 어쩌면 알면서 도 모른 척 외면하고 있는지도 모르겠어요. 자기 자신을 다 루는 것이야말로 누군가 대신해 줄 수 있는 영역이 아님에 도, 여전히 자신을 방치해 두곤 합니다.

누구에게나 부담감, 우울감, 불안감, 슬픔 같은 마음을 어 둡게 만드는 감정이 찾아오기 마련입니다. 이것은 나이와 경 험, 경제적 수준과 관계없이 사람이라면 누구나 겪을 수 있 는 감정들입니다. 우리네 삶은 이런 다양한 불안 요소들을 어떻게 처리하며 살아가느냐에 따라 좌우된다고 해도 과언이 아닙니다.

불현듯 찾아오는 불안 요소들을 100% 방어하며 살아가는 사람은 없습니다. 당연히 완벽한 수준으로 피해 가는 사람도 없죠. 불안을 막을 수 없다면, 나를 찾아오는 불안을 어떤 방식으로 이해하고 삶의 일부로 받아들이며 처리할지 고민해볼 필요가 있겠습니다.

확실한 것은 불안이 우리의 일상을 망가뜨리는 방향으로 작동하면 안 된다는 것이겠죠. 예컨대 슬픔을 느낄 수는 있지만, 슬픔 때문에 일상의 중요한 습관(수면이나 식사, 사람을 만나는 일 등등)을 계속 뭉개며 살아가면 문제가 되기 시작합니다. 무언가를 느끼고 감각하는 것과 영향을 받는 것은 전혀 다른 차원의 영역입니다.

우리는 모두 지극히 불안하고 불완전한 존재입니다. 그리고 이 사실을 인정하기가 처음엔 두렵게 느껴질 수 있어요. 하지만 인정과 수용이 절대로 좋고 나쁨이나 승패의 개념이 아니라는 것을 명심해야 합니다. 내 삶을 구성하는 일부로 받아들이세요. 일상을 크게 흔드는 수준이 아니라면, 적당한 정도의 불안은 인생의 오차 범위 내에 있다고 생각하고 대수롭지 않게 여겨도 좋습니다. 대단한 업적을 이룬 사람도, 세상에 부러울 게 하나 없을 정도로 많은 돈을 가진 사람도 하나같이 자신만의 불안을 끌어안고 살고 있습니다. 일상을 망가뜨리는 수준의 흔들림이 아니라면, 그럭저럭 괜찮아요.

어렸을 적에 보았던 만화 중에 《주간 소년 매거진週刊少年マガジン》에서 연재한 '모리카와 죠지' 작가의 〈더 화이팅〉이라는 작품이 있습니다.(놀랍게도 1989년부터 지금까지 연재 중입니다.) 권투를 소재로 한 일본의 스포츠 만화로, 매일 괴롭힘과 왕따를 당하던 소년 '일보(마쿠노우치 잇포)'가 우연한 계기로 복싱을 시작해 특유의 파워와 근성으로 어려움을 헤쳐나가는 전형적인 성장형 소년물입니다.

학창 시절 동급생들에게 맞고만 다니던 일보가 복싱의 기본기를 다지며 하나둘 상대를 쓰러뜨리기 시작하고, 결국 일본 복싱계에서 귀추가 주목되는 선수가 되는 과정을 촘촘하게 그려냅니다. 일보라는 캐릭터를 대변하는 두 가지 특징으로는 '도전자의 자세'와 '파워'를 꼽을 수 있겠네요. 복싱 센스야 당연히 재능의 영역이지만, 이 작품에선 주먹에 힘을 실어 상대방에게 타격을 주는 파워라는 요소 또한 태생적 소질로 묘사되곤 합니다. 그리고 그 파워의 근원을 일보의 성장

환경으로 해석합니다.

일보의 가족은 '바다낚시 가게'를 운영합니다. 아버지가 없어 가장의 역할을 도맡아야 했던 일보는 자연스레 낚싯배 위에서 성장했습니다. 매일 새벽 무거운 아이스박스를 들고 날라야 했고, 변덕스러운 파도로 불안하게 흔들리는 배 위에서 넘어지지 않으려 엄지발가락부터 허리에 이르기까지 균형을 잡는 것이 일보의 일상이었습니다. 덕분에 전신에 힘을 분배하는 연습이 따로 필요 없었고, 어느 자세에서든 강력한 펀치를 날릴 수 있게 됩니다. 강함의 비결이 불안이라니. 때로는 이런 인생의 원리가 짓궂게 느껴지기도 합니다. 일보는 절망적인 상황에 처해 있었고 충분히 좌절할 수 있었습니다. 그러나 삶의 의지를 굳건히 지키고 다져 마침내 환히 빛나게 되었습니다.

흔들림 없는 배는 없다는 것을 기억하세요. 인생이라는 항해는, 흔들림이 싫어 항구에 계속 정박해 있는 안일함이 아닙니다. 불안을 여정의 일부로 받아들이고 나아가야 할 방향으로 쭉 끌고 나가는 끈기에 의미가 있다는 것을 잊지 않아야 합니다. 저 멀리 펼쳐진 수평선은 불안하게 흔들리는 배 위에서 균형을 잡을 줄 아는 사람만이 볼 수 있는 황홀한 풍경이라는 것도 말이죠.

스스로를 존중하는 마음 '자존감'의 성장은 자신의 불안과
인생의 불완전성을 인정하는 것에서부터 시작됩니다.

불안이 마음을 지배할 때 기억할 7가지

☑ 부담감, 우울감, 불안감, 슬픔처럼 마음을 어둡게 하는 감정은 누구에게나 찾아오기 마련이다. 이런 불안 요소를 어떻게 처리하며 살아가느냐에 따라 인생이 좌우된다.

☑ 불현듯 찾아오는 불안을 100% 방어하며 살아가는 사람은 없다. 당연히 완벽한 수준으로 피할 수 있는 사람도 없다. 막을 수 없다면, 찾아오는 것들을 어떤 방식으로 이해하고 삶의 일부로 받아들이며 살아갈지 고민해보는 게 더 유의미하다.

☑ 불안이 우리의 일상을 망가뜨리도록 내버려 두면 안 된다. 슬픔을 느낄 수는 있지만, 슬픔 때문에 일상의 중요한 습관(수면·식사·타인과의 만남 등등)을 계속 뭉개며 살아가면 문제가 되기 시작한다. 감정을 느끼되 그로부터 영향을 받지 않으려 노력해야 한다.

☑ 우리 모두 지극히 불안하고 불완전한 존재들이다. 이 사실을 인정하는 것이 처음엔 두렵게 느껴질 수 있지만, 인정은 승패의 개념과는 무관하다.

☑ 불안을 내 삶을 구성하는 일부로 받아들이자. 일상을 크게 흔드는 수준이 아니라면, 적당한 수준의 불안은 인생의 오차 범위 내에 있다고 생각하며 대수롭지 않게 여겨도 좋다. 대단한 업적을 이룬 사람도, 세상에 부러울 것 하나 없을 정도로 부유한 사람도 하나같이 자신만의 불안을 끌어안고 산다.

☑ 흔들리지 않는 배는 없음을 기억할 것. '인생'이라는 항해 중에 멀미가 난다고 항구에만 정박해 있을 순 없다. 이 흔들림을, 우리가 만난 파도를 여정의 일부로 받아들이자. 그리고 목적지를 향해 나아가면 된다. 균형을 잡을 줄 아는 사람만이 고요하고 평화롭게 펼쳐진 수평선을 바라볼 수 있다.

☑ 자신의 불안과 불완전성을 인정하는 것에서부터 '자존감'의 성장이 시작된다.

어쩌면 나에게 가장 무례한 사람은

무례함을 경험한 적 있나요? 보통은 타인이 생각 없이 하는 말을 듣거나, 상대방의 예의 없는 태도를 경험했을 때 무례함에 대해 생각해 보게 됩니다.

내가 정해놓은 선(경계선 혹은 마지노선)을 함부로 넘어오는 사람을 만나게 되면, 어떻게든 제대로 알려줘야 나를 지킬 수 있습니다. 지금 금 밟은 것이니 조심해 달라고, 이쪽으로 넘어오는 걸 원치 않으니 침범하지 말아 달라고 말이죠. 물론 이렇게 분명한 선을 설정하는 게 현실적으로 쉬운 일은 아닙니다. 모든 관계가 수평적일 수 없고, 자기 생각을 선명하게 표현하는 게 한국 정서상 어려운 일이기도 하고요. 그 래서 하고 싶은 말을 우아하게 전달하는 방법에 관한 조언을 다루는 책과 영상이 많이 존재하는 게 아닐까 싶습니다.

　무례함에 대처하는 방법도 사람마다 각양각색입니다. 누 군가는 자신이 공격당했다고 생각되면 재빠르게 반격하고, 누군가는 자신이 겪은 무례함을 상대방이 깨달을 수 있도록 설명하면서 커다란 에너지를 소모하기도 합니다. 이 모든 과 정을 피로하게 여기는 사람은 그냥 상황을 피하거나, 될 대 로 되라는 식으로 내버려 두기도 하고요.

　그러나 안타깝게도 상대방의 무례함에 철저히 대처할 수 있는 만능 공식은 존재하지 않습니다. 모든 상황에 일괄적으 로 대입할 수 있는 계산법은 없어요. 그렇기에 결국 무례함 대처법은 자신만의 커뮤니케이션 스타일을 만들어 대처하 는 게 중요합니다. 한 가지 확실한 건, 전해야 하는 말을 제 대로 전하지 못하고 속으로 꾹꾹 삭이기만 한다면, 결국 망 가지는 건 본인이라는 것입니다. 상처가 곪아가는데 바라보 기만 한다면, 그 방관이 우리 자신을 무기력하게 만들기 충 분하니까요.

상대방에게 내 생각을 명확하게 전달하는 게 낯설고 불편하게 느껴질 수 있습니다. 그러나 상대방을 배려하는 것보다 나를 지키는 일이 더 중요하다는 경중을 가릴 수 있게 된다면 조금씩 해낼 수 있게 됩니다. 근력을 키우는 운동과 비슷해요. 마음에도 근력이 필요합니다. 시간이 필요하고 연습이 필요하고 노력이 필요합니다. 내가 무례의 고리를 끊어야 또 다른 사람이 상대로부터 불쾌한 경험을 하지 않을 수 있습니다. 그렇게 생각하면 용기가 조금 생겨나기도 하고요.

제 경우에는 심적으로 부담스러운 사람 앞에서는 말을 잘하지 못해요. 특히 스트레스가 큰 상황에서는 입이 얼어붙는 수준입니다. 심장이 빨리 뛰며 얼굴이 화끈거리고, 답답하면 눈시울이 붉어지기도 해요. 노련하게 대처하고 싶은 마음이 굴뚝같지만, 저조차도 연습이 필요한 사람 중 하나입니다. 그래서 저는 주로 글로 적어서 전달하는 편이에요. 당연히 대면해서 눈앞에 두고 이야기할 수 있다면 빠른 피드백을 끌어낼 수 있겠지만, 저처럼 말보다 글이 편한 사람도 있을 수 있으니 각자 자신에게 편한 방법을 선택하는 게 좋습니다.

어떤 형태로든 내 목소리를 전달하는 일에는 크고 작은 용기가 필요합니다. 용기를 위한 연습에서 가장 중요한 건, '상대방이 알아듣도록 전달하기'입니다. 말로 하든 글로 하든 소통이 정말 중요해요. 소통의 부재, 의견에서 오는 차이가 바로 서로의 언어를 알아듣지 못해 생기는 오류입니다.

우선 무슨 말인지 이해를 해야 그다음으로 넘어갈 수 있습니다. 내가 전달하고자 하는 내용을 상대방이 이해했다면, 내가 겪은 상황과 느낌이 나 혼자만의 유난이나 예민함과 무관하며, 보편적인 시선으로 바라봐도 상대방의 태도가 잘못되었음을 깨달을 수 있도록 알려줘야 합니다. 역지사지를 경험하게 할 수 있다면 더욱 좋겠네요.

그 후엔 앞으로는 어떻게 변화했으면 좋겠는지, 어떤 걸 하지 않았으면 좋겠는지 명확한 가이드로 이어지도록 대화를 정리해 주세요. 물론, 사람 쉽게 안 변하고 생각도 쉽게 바뀌지 않습니다. 그렇다고 손 놓고 상황을 방관하고 방치할 수도 없는 노릇이니까요. 나에게도 내 마음이 중요합니다.

저는 이걸 '나를 지키기 위한 글쓰기'라고 부릅니다. 조금씩 연습을 하다 보면 이런 생각에 다다르게 됩니다.

'나는 내 마음을 상대방이 알도록 하는 일을 왜 이렇게 두려워하며 살았을까?'

까탈스럽거나 예민한 사람으로 보이지 않기 위해 속마음을 억지로 숨기고 감추며 살아왔으니, 어쩌면 나에게 무례한 사람은 나였을 수도 있었겠다는 생각까지 하게 됩니다. 타인에게 관대한 사람들이 오히려 자기 자신에게는 지독할 정도로 가혹하고 엄격한 법이거든요.

마음이 원하는 걸 알면서도 회피하지 않았으면 좋겠습니다. 타인의 무례함에 나를 방치하기 시작하면 나 또한 무례한 사람이 됩니다. 지금 왜 이런 감정을 느끼는지, 이 상황이 정말 이대로 흘러가도 되는지 자신에게 질문하세요. 그것만으로도 변화는 시작될 수 있습니다. 해로운 영향력에서 나를 벗어나게 해줄 수 있는 탈출구가 당신 자신이라는 걸 잊지 마세요.

무례한 사람에게 상처받았을 때 기억할 7가지

☑ 나를 지키기 위해 만든 선을 함부로 넘어오는 사람에겐 제대로 알려주고 자신을 보호하라. 지금 금 밟은 것이니 조심해 달라고. 당신에게 내 선을 없앨 생각은 없으니, 이쪽으로 침범하지 말라고 말이다.

☑ 저마다의 무례함 대처법이 존재한다.
· *재빠르게 반격.*
· *상대가 깨달을 수 있도록 설명.*
· *상황을 차단하는 회피.*

☑ 전해야 하는 말을 제대로 전하지 못하고 억누르기만 한다면, 결국 망가지는 건 본인일 수밖에 없다. 내가 나를 곪게 하고 무기력하게 만든다. 나를 위해서 무례한 사람에 대처할 수 있는 나만의 방법을 찾아 만들어야 할 필요성이 있다.

☑ 할 말이 있으면 해야 한다. 참기만 한다고 저절로 달라지는 건 없다.

☑ 상대방에게 내 생각을 명확하게 전달하는 게 불편하게 느껴질 수 있지만, 그보다 나를 지키는 일이 더 중요하다는 것을 깨닫게 되면 조금씩 해낼 수 있게 된다. 물론 하루아침에 가능해지진 않는다. 걸음을 떼듯 천천히, 조급해하지 말고 연습을 해야 한다. 한 걸음씩 나아가다 보면 상대방에게 나의 의사를 제대로 전달할 수 있다.

☑ 까탈스럽거나 예민한 사람으로 보이지 않기 위해 속마음을 억지로 덮어두며 살아왔다면 당신은 당신에게 무례한 사람이다. 타인을 돌보느라 나를 돌보지 못한 것이다.

☑ 내 마음의 목소리에 귀 기울이고, 내가 원하는 것이 무엇인지 알아보자. 그다음엔 피하지 말자. 지금 내 감정의 원인을 들여다보고 질문하는 것만으로도 변화가 시작된다. 나를 지킬 수 있는 것도 오로지 나뿐이다.

나를 지키기 위해 필요한 가면

원하든 원하지 않든 사회의 한 구성원으로 살아가는 우리에겐 필수적으로 여러 개의 가면이 필요합니다. 보통 이 가면들은 스스로 가지고 싶다는 바람으로 주체적으로 제작한 게 아닙니다. 필요에 따라 하나씩 만들게 된 보호막에 가까워요. 단적인 예로 고객을 대하는 서비스직 종사자가 자연스레 친절이라는 가면을 쓸 수밖에 없는 것처럼요.

누군가는 상대에 따라, 소속된 공동체에 따라 꺼내 쓰는 가면이 달라집니다. 애초에 가면이 필요 없다고 생각해 매사에 자신을 투명하게 드러내는 사람도 있죠. 당연히 가면의 개수가 내면의 건강함을 측정하는 척도가 되지는 않습니다. 하지만 가면을 어느 때에, 어느 정도의 두께로, 얼마나 적절한 상황에 꺼내게 되는지는 꼭 한번 살펴봐야 하는 부분입니다. 어쩌면 이는 여러 관계를 맺고 살아가는 우리에게 가장 큰 숙제라고 볼 수도 있겠네요.

보통 '가면'이라는 단어에는 '위선, 거짓, 속임수' 같은 단어가 연상됩니다. 연상 작용으로 인해 부정적인 느낌을 강하게 받는 것도 사실입니다. 누군가가 나를 대할 때, 가면을 쓰고 있다는 느낌을 받는다면 썩 유쾌하지 않을 테니까요. 하지만 당신이 상황에 따라 꺼내 드는 가면은 어떨 때 낭신을 지키는 훌륭한 도구가 되기도 합니다. 어쩌면 가면이 다양할수록 좋은 것일 수도 있겠어요. 가면을 쓰는 것이 나쁘고 위선적이라고만 하기엔, 상황에 맞는 가면을 제대로 쓰지 못해 생기는 문제들이 훨씬 많습니다.

건강한 자존감을 지닌 사람은 필요에 따라 적절한 가면을 꺼내 쓰고, 때로는 가면을 쓰지 않은 민낯을 보여주는 관계도 여럿 구축하고 있습니다. 사회적으로 필요한 수준만큼만 행동하고, 어떤 관계에서는 걱정 없이 이완할 수 있는 사람. 저는 그런 사람을 '유연한 자존감'을 가진 사람이라고 정의합니다.

자존감과 관련된 문제는 어김없이 '가면을 사용하는 패턴

이 경직된 사람들'에게서 관찰됩니다. 그리고 이런 사람들에게는 몇 가지 공통적 특징이 보입니다.

유형 1.
낮은 자존감을 감추려 화려한 가면에 집착하는 사람

자존감이 낮아지는 이유는 복합적입니다. 연속된 실패, 불안한 상황, 지속되는 우울, 무너진 관계⋯. 어느 하나라도 삐걱대기 시작하면 자존감은 거센 파도를 만난 듯 출렁일 수밖에 없어요. 자존감은 한 레벨에 고정된 개념이 아니기에 오르락내리락하는 게 당연합니다. 다만, 무너져 있는 자존감을 제대로 직면하지 않고 외적인 모습에만 몰두하다 보면, 결국 파괴적인 상황을 초래하게 됩니다.

이런 사람들은 외부의 평판에 지나치게 집착합니다. 자신이 어떻게 보이는지 과도한 관심을 기울이게 되는 것이죠. 그럼 부작용이 나타납니다. 외부의 피드백과 자극을 자신에 대한 공격이라고 간주할 때가 많습니다. 그만큼 쉽게 분노하기도 하고요. 다른 사람의 의견에서 자신에게 필요한 정보를 추출하지 못하고, 지나치게 방어적으로 행동하기도 합니다. 결과물에 대한 타인의 평가에 너무 예민하게 반응하며, 외적인 모습이 전부라고 생각하기 때문에 실제 상황과 본질을 직면하지 못하기도 해요.

유형 2.
멋진 가면을 쓸 자격이 있음에도 자신은 자격이 없다고 생각하는 사람

이룬 것도 많고, 주변 사람들로부터 칭찬과 지지를 받고 있음에도 본인을 향한 긍정적 반응을 제대로 누리거나 받아들이지 못하는 사람들이 있어요. 이 또한 건강하시 못한 태도입니다. 이런 사람들은 자신을 항상 벼랑 끝으로 몰아붙이기 때문에, 쉽게 만족하지 않습니다. 기대하는 수준의 결과물을 만들기 위해 끊임없이 스스로를 재촉하고 채찍질을 해대곤해요. 때로는 자신에게 화를 내면서까지요.

본인을 몰아붙이는 사람들이 대단한 결과물을 만들어 낼가능성이 큰 것도 사실입니다. 하지만 적절한 보상과 칭찬, 만족과 타협이 정신을 풍요롭게 만들기도 합니다. 갈증 상태로 마음을 오랫동안 방치하면 건조해질 수밖에 없어요.

유형 1이 타인에게 쉽게 분노한다면, 유형 2는 자기 자신에게 자주 분노합니다. 가면을 꺼내 드는 방식에 따라 이렇게 차이가 큽니다.

돌이켜 보면 저는 유독 칭찬을 받아들이지 못하는 사람이었습니다. '겸손'이라는 가면을 썼다고 생각했지만, 저를 좋게 바라보는 모든 말과 시선을 튕겨내며 부정하고 있었던 것이죠. 대학생 시절, 동아리 누나가 이런 이야기를 해준 적이 있습니다.

"칭찬을 하면 그냥 받아주면 안 되니? 그렇게 아니라고 쳐내기만 하면 정말 아닌 게 되잖아. 그리고 칭찬을 한 사람도, 그걸 옆에서 듣고 있는 사람들도 모두 민망해. 그냥 '감사합니다' 하고 받아줘. 그게 너에게 좋은 거잖아. 그리고 나 빈말 아니고 진심으로 한 칭찬이란 말이야."

그 이후로 저는 칭찬을 있는 그대로 받아들이는 연습을 시작했습니다. 부정하는 일에 에너지를 사용하지 않고, 긍정적인 반응은 고맙게 받아들이기로 말이죠. 덕분에 좋은 모습을 유지하거나 발전시키는 방향으로 더 많은 관심을 쏟을 수 있게 되었습니다. 나에 대한 칭찬을 나마저 부정하면, 정말 아닌 게 되어버리니까요. 외부에서 멋진 가면을 내어준다면, 기꺼이 쓰고 그에 어울리는 행동을 하기로 한 것입니다.

'유연한 자존감'을 지닌 사람은 많지 않아요. 외부로부터 주어지는 시선과 내부에서 태어나는 생각이 언제나 조화를 이루는 것은 아니니까요. 그러나 이 두 가지의 균형이 조금씩 맞아갈 때 분노가 줄어들게 됩니다.

　가면을 쓰는 일이 반드시 필요하다면, 잘 어울리는 것들로 꺼내서 적절히 사용하면 좋겠어요. 당신이 가면을 쓰는 일에 충분히 지혜롭고, 당신의 자존감이 지극히 유연할 수 있기를 바랍니다.

사람을 대하기 어려울 때 기억할 6가지

☑ 가면은 우리를 보호한다. 때론 두꺼운 가면에 숨이 막힐 때도 있지만, 사회 구성원으로 살아가기 위해서는 필수적으로 여러 가면을 쓰고 살아갈 수밖에 없다.

☑ 친구, 연인, 가족, 직장 동료, 선후배, 경쟁 관계 등등 대하는 사람이 누군지, 내가 속한 공동체가 무엇인지에 따라 다른 가면을 쓰게 된다. 처음부터 가면을 쓰지 않고 솔직하고 투명하게 자신을 드러내는 사람도 있다. 그러나 가면이 많거나 적다고 해서 꼭 어느 한쪽이 좋거나 나쁘다고 평가할 수는 없다. 가면이 필요한 적절한 때에, 어느 정도의 두께가 적절할지를 고민해서 상황에 맞게 꺼내 쓰는 것이 중요하다.

☑ 당신의 가면은 때론 마음을 지켜내는 훌륭한 도구가 된다. 가면을 제대로 쓰지 못해서 생기는 문제들이 결코 적지 않다.

☑ 가면을 쓴 채로만 살아갈 수는 없다. 누구든 종일 가면을 쓰고 생활하면 갑갑하고 지루하며 회의감까지 느낄

수 있다. 그러니 가면을 쓰지 않는 시간을 꼭 가져야 한다. 가면을 벗어도 되는 관계를 구축해야 한다.

☑ 관대한 척이 아니라 정말 관대해질 수 있기를. 칭찬을 방어하느라 애쓰지 말고, 그 칭찬에 어울리는 사람이 되기를. 외부의 평가에 집착하지 말고, 스스로 먼저 믿어줄 수 있기를. 분노는 필요할 때에 적절한 모습으로 표출할 수 있기를. 부족함을 발견했다는 사실에 무너지지 말고, 단단히 다져진 밑바닥을 발견할 수 있기를. 오늘 더 유연한 마음으로 주변을 바라볼 수 있기를.

☑ 가면을 어떻게 사용하는지는 우리 손에 달려 있다.

예민함을 자양분 삼아 성장할 것

우리는 '예민한 사람'으로 비치는 일을 극도로 경계합니다.
예민함은 언제부터 부정적인 표현의 대명사가 되었을까요?

[형용사] 예민하다

1. 무엇인가를 느끼는 능력이나 분석하고 판단하는 능력이 빠르다.

2. 자극에 대한 반응이나 감각이 지나치게 날카롭다.

3. 어떤 문제의 성격이 여러 사람의 관심을 불러일으킬 만큼 중대
   하고 그 처리에 많은 갈등이 있는 상태에 있다.

출처: 표준국어대사전

예민한 사람이 자신의 예민함을 감추는 일에 능숙할 수는 있지만, 기질을 바꾸기는 쉽지 않습니다. 그렇기에 '예민함'이 기질이라면, 계속 가지고 살아가는 수밖에 없습니다.

무엇이든 지나치면 문제가 되듯, 예민함 또한 적정선을 넘어 과도한 수준의 예민함이 되었을 때 여러 문제를 야기惹起합니다. 그중에서도 가장 큰 문제는 스트레스에 노출되는 빈도가 과도하게 높아진다는 거예요. 게다가 그렇게 쌓인 스트레스를 제때, 적절한 방법으로 처리하지 못하고 마음 한구석에 잔뜩 쌓아놓으면, 이러지도 저러지도 못하다 결국 터져버리죠. 문제의 원인이 외부에 명확히 있을 때도 그 이유를 스스로에게서 찾아내느라 자기 자신을 쥐잡듯 괴롭히기도 하고요. 예민한 사람이 모두 자존감이 낮은 건 아니지만, 자존감이 낮은 사람들은 대체로 예민한 태도를 지니고 있을 때가 많습니다.

저는 예민함의 대명사 같은 사람입니다. 신경이 곤두설 때마다 나의 예민함을 어떻게 바라보면 좋을지에 대해 수없이 고민했습니다. 그래서 예민한 사람에게 '예민하게 반응하지 마라', '대수롭지 않게 넘겨라'라는 조언이 얼마나 영양가 없는지도 잘 알고 있어요. (때로는 나를 위로하기 위해 만들어진 말들이 폭력적으로 느껴질 때도 있죠.) 예민한 사람이 '예민함'

을 벗어던질 수 없다면, 고를 수 있는 선택지는 많지 않습니다. 바꿀 수 없다면 예민함을 어떻게 이용할 것인지 고민해 볼 필요가 있겠습니다.

자존감이 높고, 자신감이 넘치는 사람들을 보고 있으면 작은 일들은 대수롭지 않게 여기며, 자신을 표현하는 일에 부끄러움이 없고, 거침없이 자신의 길을 가는 것 같아요. 그걸 부럽게 느꼈던 적도 있습니다. 그에 비하면 저는 굉장히 예민하고, 겁도 많고, 걱정 한가득에, 작은 것에도 소스라치게 놀라고, 두려움도 많습니다. 한때 주변 사람들에게 예민한 사람, 감정적인 사람, 작은 것에 집착하는 사람으로 보일까봐 꽤 두려워했습니다. 그래서 겉으로라도 쿨한 척해보려 했지만, 흉내는 흉내일 뿐 한계가 있을 수밖에 없더라고요.

결국 저는 '예민함을 지닌 나'를 오롯이 바라보는 작업을 하기로 선택했습니다. 사실 선택했다기보단 제가 살기 위해선 이 방법밖에 없었습니다. 먼저, 예민한 사람이 가지고 있는 특성 중 몇 가지를 장점으로 정의하고 그것을 극대화하는 일에 관심을 가지기로 했습니다.

예민한 기질을 타고난 사람들은 기본적으로 배려심이 깊습니다. 다른 사람들이 어떻게 생각하고 있는지에 주의 깊은

관심을 가지고, 자신이 다른 사람들에게 어떻게 비칠지 예상하는 일에 익숙합니다. 어쩌면 '예민한 사람'이라는 말은 '섬세한 사람'이라는 표현으로 대체되는 편이 훨씬 적합할 수도 있겠어요. 그리고 이 섬세함을 더 정교하게 다듬는 사람이 마침내 '성숙한 사람'이 됩니다.

이들은 생각이 많고, 고민도 깊게 하는 편이라 자기 자신에 대해서도 충분한 시간과 노력을 들여 통찰합니다. 자신이 어떤 사람인지 정확히 아는 사람만이 다른 사람을 자신의 세계에 들여놓을 수 있는 법입니다.

그리고 큰 문제를 일으키거나, 돌이킬 수 없는 실수를 하는 사건 사고가 별로 없는 편입니다. 자신의 행동에 스스로 피드백 하는 과정에 익숙하기 때문에 같은 실수를 반복하는 일도 적습니다. 자신의 말과 행동에 대한 조심성이 큰 편이라 말을 함부로 내뱉거나 지키지 못할 약속을 하는 경우도 비교적 드뭅니다.

섬세한 감정선을 지녔기에 자신의 감정이 현재 어떤 상태인지 빠르게 파악할 줄 압니다. 감정을 잘 파악하는 만큼 내가 아닌 타인의 감정에도 남다른 감각을 지니고 있습니다. 자신의 말이 상대방에게 어떻게 받아들여질지도 잘 예측하는 편이고요. 역지사지가 생활화되어 있어서입니다.

예민한 사람들에게만 보이는 풍경이 있습니다. 다른 사람들이 발견하지 못하는 것들을 보고, 쉽게 간과하지 않습니다. 타인을 예측할 수 있는 사람들은 더 많은 조건들을 충분히 고려한 의사 결정을 할 수 있으니, 아주 큰 장점입니다.

영화 〈스파이더맨〉에서는 주인공 피터 파커가 거미에게 물린 후, '스파이더 센서'를 얻게 됩니다. 모든 감각이 최대치로 예민해지고 여러 상황을 미리 알아차릴 수 있게 됩니다. 더 많은 것들이 보이고, 더 먼 곳의 소리까지 들을 수 있게 되죠. 이렇게 획득한 정보를 통해 빠르게 대처해 여러 위험에서 이웃들을 구할 수 있게 되었습니다. 예민함이 초능력은 아니지만, 정보 획득 측면에선 이만한 능력도 없습니다.

'예민하다'의 첫 번째 사전적 의미가 '무엇인가를 느끼는 능력이나 분석하고 판단하는 능력이 빠르고 뛰어나다'인 것도 이러한 맥락에서 이해가 됩니다.

당신이 만약 다른 사람들에 비해 '예민한 편'이라고 생각한다면, 그로 인해 너무 큰 스트레스를 받지는 않았으면 좋겠습니다. 자신의 예민한 기질을 배척하느라 에너지를 쏟을 게 아니라, 그 예민함으로 인해 발견할 수 있는 것들을 충분히 누리세요.

'예민함 예찬론자'처럼 보일 수 있지만, 예민한 사람들의 기질이 주목받을 일이 별로 없기 때문에 이번 기회에 이야기하고 싶었어요. 당신의 인생이 충분히 멋진 방향으로 나아갈 수 있다고 말이죠.

조금 과장을 보태면, 사실 저는 예민한 사람들이 오히려 더 많은 것을 이룬다고 생각하기도 합니다. 무언가를 이루거나 업무를 꼼꼼하게 진행하는 것 또한 이러한 기질을 가진 사람들이 해낼 수 있는 장점이기 때문이에요. 예민함이 나쁜 게 아니라, 지나치게 예민해 감정에 휘둘리거나 예민한 기질을 지닌 자신을 싫어하기 시작할 때 그곳에서부터 문제가 시작됩니다.

과도하게 높아진 자존감으로 인해 오히려 주변 환경과 자기 자신에 대해서 둔감해지거나 눈치가 없는 것보단, 오히려 스스로가 어떤 존재인지 충분히 고찰하고 많은 것들을 살펴볼 줄 아는 예민한 사람이 훨씬 더 나을 때도 많아요. 부정하느라 애쓰지 말고 그저 '나는 이런 특성을 가진 사람이구나'라고 간단하게 인정하고 넘어가 주세요. 스스로를 미워하기보다 제대로 알고 그다음으로 덤덤히 나아가는 게 훨씬 더 근사합니다.

당장은 자존감이 낮아진 것 같다고 느낄 수 있지만, 그 생각에 갇혀 삶이 무너지지는 않았으면 좋겠어요. 자존감이 낮아진 이유를 찾기보단, 자신이 지닌 예민함이라는 기질을 어떻게 자양분 삼아 더 나은 방향으로 이끌어 갈 것인지 고민해 봤으면 좋겠습니다.

예민함 때문에 스트레스를 받는 사람이 기억할 8가지

☑ 예민한 사람이 가지고 있는 특성들을 장점으로 정의하고, 그것을 극대화하는 일에 관심을 가지자.

☑ 예민한 사람들은 기본적으로 배려심이 크다. 다른 사람들의 생각과 감정에 많은 관심을 가지고, 자신이 다른 사람들에게 어떻게 비칠지 예상하는 일에 익숙하다. 어쩌면 '예민한 사람'은 '섬세한 사람'이라는 말로 달리 표현할 수 있지 않을까. 나 자신이 느끼는 감정의 파동이나 고민이 큰 만큼, 상대방의 입장에서 생각하는 것에도 능숙하다. 이 섬세함을 정교하게 가다듬을 수 있다면, 마침내 성숙한 사람으로 성장할 수 있다.

☑ 예민한 만큼 남들은 보지 못하는 것들을 더 많이 볼 수 있다. 예민함은 기민함과 닮아 있어서, 깊이 있는 고민과 통찰력을 통해 세상을 바라볼 수 있다. 이런 예민함은 무언가를 나아지게 만드는 데에 큰 영향을 미친다.

☑ 예민한 사람은 돌이킬 수 없는 실수를 저지를 확률이 낮다.

☑ 예민한 사람만이 볼 수 있는 풍경이 있다. 남들이 알아차리지 못하는 상황을 살피고, 미리 예상해 볼 수 있다.

☑ 우리는 조금 더 예민해질 필요가 있다. "너 왜 이렇게 예민해?"라는 말이 비난처럼 사용되곤 있지만, 오히려 "넌 왜 이렇게 둔해?"라는 말로 맞받아칠 수 있는 사회가 되었다. 우리는 예민함을 통해 성장하곤 한다. 예민한 사람들이 오히려 더 많은 것들을 이룬다. 그러니 예민함을 마냥 단점으로만 치부하지 않기를 바란다. 일종의 특성을 부정적으로 바라보기 시작할 때, 장점일 수 있는 특성이 단점이 되기 시작한다.

☑ 주변 환경과 자기 자신에 대해서 둔감하거나 눈치가 없는 사람보단, 오히려 자신이 어떤 존재인지 충분히 고찰하고 많은 것들을 살펴볼 줄 아는 예민한 사람이 훨씬 더 낫다.

☑ 자신이 예민한 사람 같다면, 그 기질을 어떻게 자양분삼아 좋은 쪽으로 이끌어 갈 수 있는지 고민해 봐라.

두려움에서 벗어나기

두려움의 대상이 되는 존재들은 다양한 모습을 하고 우리 곁을 맴돌고 있습니다. 그것은 사람일 수도 있고, 상황이나 순간일 수도 있겠습니다. 변하지 않는 사실은 인간이라면 누구나 각자의 두려움을 가지고 살고, 겁을 느끼는 건 본능의 영역이라는 것입니다.

SBS 예능 프로그램 〈집사부일체〉에서 양세형이 최민수에게 자신의 두려움에 관해 이야기한 적이 있습니다.

최민수 지금 가지고 있는 가장 큰 두려움이 뭐야?

양세형 제 두려움은 죽음이에요. 저희 집안이 할아버지, 외할아버지, 저희 아버지도 그렇고 다 단명을 하세요. 그리고 아버지 쪽 친척분들이 다 위험한 암에 걸려서 치료를 받는 중이고, 동생도 암에 걸렸었고요. 이게 가족력인지는 모르겠어요. 그런데 그런 게 있긴 있다고 하더라고요. 단명하면 똑같이 단명한다는 말. 걱정이 되는 거예요. 그렇다면 나도 똑같지 않을까? 저도 나중에 결혼을 하고 가족을 만들 거잖아요. 똑같이 저처럼 생각하는 자식을 남겨두기가 싫으니까 이 부분에 대한 고민을 가끔 해요.

최민수 내가 전신 마취를 14번 했다고 그랬잖아. 나는 실제로 '좌심방 부정맥 결막증'이라고 해서 심장병으로 시한부 선고까지 받았었어. 진단받은 게 중학교 2학년 때였어. "너는 뛸 수도 없고, 너는 아무것도 하면 안 돼". 왜냐면 조금만 무리하더라도 입술이 보라색으로 변하고, 그냥 길에서 기절을 해버리더라고. 중학교 2학년, 그 나이에 받아들이기엔 이 이야기가 너무 힘들었어. '너는 그렇게 관리하면서 살아야 하고, 심장이 언제 멈출지도 모르고…'. 그 당시의 나에겐 너무나도 감당하기 힘든 사실이었다. 그 와중에 내 나름대로의 방법을 우연히 발견한 건데, 난 어느 순간에 내가 몸이 아픈 걸 축복이라고 생각하게 됐어. 지금껏

보지 못했던 것에 눈과 귀를 열게 됐고, '이 땅에서 주는 모든 열매와 하늘이 내려주는 모든 것들이 나에게 매일매일 새롭구나. 언제 떠나갈진 모르나, 이 하루하루가 늙어버린 아침을 맞이하는 것이 아니라 나에겐 새로움으로 다가오는구나', 이렇게 생각하니 오늘 주어진 하루가 너무나 소중하더라고. 그거를 그냥 순수하게 받아들이는 거야. 피하지 마. 흔한 일이야. 죽음 따위. 나만 경험을 못했을 뿐이지. 사람들은 다 경험하고 갔어. 한 번이니까 얼마나 소중할까. 죽음은 사람들의 역사 안에는 흔한 일이야. 너의 순간순간이 너무 소중해. 그리고 너무나 아픈 얘기인데 꺼내줘서 고맙다.

양세형 감사해요. 진심으로 답변해 주실 거 같아서 저도 진심으로 이야기했습니다.

두려움을 마주하기가 얼마나 어려운 일인지에 대해 모르는 사람은 없습니다. 모두가 알고 있죠. 위험한 대상을 마주하거나 험난한 상황을 극복하는 일은 언제나 부담스럽고 힘든 법이니까요. 누군가는 불확실한 상황을 만났을 때 극도의 공포감을 느낄 수 있습니다. 또 다른 누군가는 죽음에 대한 생각이 깊어질 때 눈앞이 깜깜해지며 겁이 날 수 있어요. 하지만 반드시 기억해야 합니다. 두려움 앞에서 언제까지나 굴복한 채로 엎드려 있을 수만은 없습니다.

두려움에 지배되면 금세 평정심을 잃게 됩니다. 기분과 정신이 흔들리는 상황에선 이성적인 판단력이 흐려지고 충동적인 생각을 하게 될 가능성이 커져요. 이런 과정에서는 책임질 수 없는 선택을 하거나, 도망치듯 급하게 회피성 의사결정을 해버려 후회하고 말 결과를 맞이하게 될 수도 있습니다. 후에 돌이켜 보면 의외로 간단하고 단순한 문제였음에도 불구하고 말이죠. 두려움은 우리의 시야각을 좁힙니다. 평소에는 120도까지 볼 수 있던 시야가 단숨에 좁아져 60도까지만 보게 만드는 것이죠. 그래서 패닉에 빠지게 된다면, 조금 더 신중히 지켜보고 결정해야 할 필요성이 있어요.

두려움의 결말이 무조건 '막다른 길' 혹은 '비극'인 것은 아닙니다. 두려움을 잘 극복했을 때, 당신에게 새로운 디딤돌과 상징이 되기도 하거든요.

많이들 알고 있겠지만, 영화 〈배트맨〉의 상징 동물은 박쥐입니다. 일련의 추락 사고로 주인공 '브루스 웨인'은 박쥐를 가장 두려운 존재로 인식하게 되었습니다. 하지만 그가 그 두려움을 뛰어넘을 때 비로소 '고담 시티(잔혹한 범죄와 사건 사고가 끊이지 않는 DC 코믹스 가상의 도시)'의 히어로가 되었습니다. 결과적으로, 박쥐는 그를 나타내는 상징이 되었어요. 트라우마와 두려움을 주었던 박쥐를 자신의 상징으로 삼고, 도시 곳곳에서 범죄를 일으키는 범죄자들에게 박쥐의 모습으로 두려움을 선사하는 존재가 된 것입니다. 이처럼 우리를 긴장시키는 두려움과 그로 인해 생긴 혼란을 극복해 내기만 한다면, 새로운 국면을 맞이할 수 있게 됩니다.

살아가면서 만나게 되는 크고 작은 두려움을 즐거움과 성취감으로 치환해 낸 경험이 누구에게나 있습니다. 저의 경우엔 이런 것들이 있었어요. 학교, 회사 등 낯선 공동체에 처음 들어가 자기소개를 했을 때, 자전거 페달을 처음으로 밟았을 때, 다이빙을 하기 위해 물을 향해 뛰어내릴 때, 운전면허 획득을 위해 처음으로 운전대를 잡고 액셀러레이터를 밟았을 때, 좋아하는 사람의 마음을 얻기 위해 내 감정을 고백했을 때.

언제나 다양한 형태를 지닌 두려움을 마주하고 그 실체를 가늠해 왔습니다. 한 꺼풀 벗겨낸 두려움의 크기는 생각보다 작았던 경우도 있었습니다. 두려움을 한 번 넘어서면 그다음부턴 익숙하게 마주할 수 있게 됩니다. 대수롭지 않게 넘어서게 됩니다.

지나간 삶의 순간들을 떠올려 보면 사실 그 정도로 두려워하거나 걱정할 필요가 없었던 일이 참 많습니다. 아마 지금 당신이 느끼고 있는 감정도 시간이 지나고 나서 돌이켜 보면 왜 그랬지 싶을 정도로 별거 아닐 겁니다.

두려움엔 관성이 있습니다. 나이가 들고 경험이 쌓여도 어느 정도 수준으로는 계속해서 회귀하는 성질을 지니고 있어요. 그렇기에 오늘 우리가 견지해야 할 삶의 태도는 하나입니다.

'두려움 앞에서 움츠러들지 말고, 그 너머를 보기 위한 용기를 내기.'

오늘 당신의 마음을 사로잡은 두려움은 무엇인가요? 끊임없이 저항해 마침내 정복하세요. 부디 당신이 단단해진 마음으로 용기를 낼 수 있기를 바랍니다.

두려움에 움츠러들 때 기억할 8가지

☑ 두려움의 대상은 여러 모습으로 우리 곁을 맴돈다. 개인마다 각자 다른 두려움이 있다. 그런 감정을 느끼는 것은 이상하거나 부끄러운 일이 아니다.

☑ 불확실한 상황을 만났을 때 공포를 느낄 수 있다. 막연히 죽음이나 사고를 떠올려 겁이 날 수도 있다. 이럴 땐 우리가 두려움 앞에 언제까지나 굴복한 채 엎드려 있을 수 없다는 사실만 명심하면 된다.

☑ 두려움에 지배되면 금세 평정심을 잃게 된다. 기분과 정신이 흔들린 상황에선 이성적인 판단력이 흐려지고 충동적인 생각을 하게 될 가능성이 커진다. 이때 책임지기 어려운 선택을 하거나, 도망치듯 급하게 도피성 의사 결정을 해버려 후회하는 결과를 맞이하게 될 수도 있다.

☑ 두려움은 우리의 시야를 차단한다. 혼란에 빠졌을 땐 심호흡을 하고 시간을 두고 신중해질 필요가 있다. 조급해하지 말자.

☑ 두려움의 엔딩은 새드 엔딩이 아니다. 두려움을 잘 극복해 내면, 새로운 디딤돌이 된다.

☑ 한 꺼풀만 벗겨내도 두려움의 크기는 당신이 생각한 것보다 훨씬 작다는 것을 알 수 있다. 두려움을 한 번 넘어서면 그다음부턴 익숙하게 대처할 수 있다.

☑ 지나고 보면 별게 아니다. 지금 당신이 느끼고 있는 감정도 훗날에 웃어넘길 수 있는 경험이다.

☑ 두려움에는 관성이 있다. 다시 돌아오려는 두려움 앞에서 움츠러들지만 않으면 된다. 그 너머에 무엇이 있는지 두 눈으로 직접 확인해 보자.

나를 판단하는 말에 함부로 동의하지 말 것

내가 누구인지, 어떤 사람인지 알아가는 작업은 아마 평생이 걸리는 여정일 것입니다. '나는 이런 사람이야'라고 정의하더라도 금세 또 다른 모습의 내가 발견되곤 하니까요. 확실한 건, 내가 누구인지 제대로 알지 못한 채로 행복을 이야기할 수는 없다는 사실입니다. 내가 누구인지 알아야 언제 편안함에 이르는지 알 수 있고, 내가 무엇을 좋아하는지 발견해야 그것으로 내 주변을 둘러놓을 수 있습니다. 나를 찾아가는 여정. 이것만큼 쉽고, 어려운 일이 또 있을까요?

'나를 찾는 방법'에는 크게 두 가지가 있습니다.

1. 내 범위에 있는 사람들이 느끼는 나에 대한 인식과 정보를 통해 단서를 얻는 것.
2. 스스로 객관화해 자기 자신을 바라보는 것.

이 중에서도 '자신이 누구인지 스스로 발견하는 일'이 매우 중요합니다. '나에 대한 타인의 평가·이야기·칭찬·비판'과 같은 것들이 나를 찾아가는 여정에서 의미 있는 지침이 되기도 하지만, 전부는 아닙니다. 인간은 다른 사람들의 말과 평가에 생각보다 쉽게 휘둘리는 경향이 있습니다. 따라서 나다운 모습이 아닌, 타인의 평가에 어울리는 형태의 사람으로 나를 흘러가게 만들 가능성이 큽니다.

어렸을 적, 어쩌다 한 번 칭찬을 받기라도 하면 그 칭찬을 계속 받고 싶어서 같은 행동을 반복했던 경험이 누구에게나 있을 것입니다. 내가 원하거나, 내 본래 모습이 아님에도 타인의 평가에 길들여져 그 기준에 자신을 맞추어 가는 경험 말이죠. 그로 인해 당장은 볼만한 결과물을 만들어 낼 수도 있습니다. 그러나 오래 지속될 수는 없습니다. 다른 사람의 기준에 맞춰 행동하기는 꽤 부담스럽고 피로한 일이기에 오랫동안 지속할 수 없습니다. 그 과정이 행복할 리도 없겠죠. 타인의 평가와 칭찬은 중요한 깃발과 원동력, 어쩌면 보상이 되기도 하지만, 내 인생의 방향을 제시하는 표지판이 될 수는 없습니다.

타인의 평가에 민감한 사람은 당연히 부정적인 말이나 비판에 과민 반응을 하게 됩니다. 타인의 평가에 익숙해지지 않는 것, 당신을 판단하는 말에 함부로 동의하지 말아야 하는 이유입니다. 긍정적인 평가(칭찬)든 부정적인 평가(비판)든 그 '말'들에 휘둘리기 시작하면 경직된 행동을 하게 되기 마련입니다. 그중에서도 가장 해로운 점은 '내가 아닌 나'가 되어버릴 가능성이 커진다는 것입니다. 평가에 취하면 취기를 깨는 데까지 한참이 걸리기도 하니까요.

누군가 당신에 대해 좋은 평가를 해줘야만 좋은 사람이 되는 것은 아닙니다. 반대로 누군가 당신에 대해 부정적으로 말한다고 해서 나쁜 사람이 되는 것도 아니죠. 타인의 평가와 칭찬, 피드백과 비판에만 휘둘리다 보면 결국 '다른 사람이 원하는 나'를 만들어 가는 데에만 혈안이 됩니다. 타인의 평가는 잘 참고하되 그로부터 자유로워지는 것이 '나다운 삶', '나에게 집중하는 삶'을 살아가는 비결임을 명심하세요.

내가 누구인지 알아가는 과정, 나를 찾아 떠나는 여정은 어디에서부터 시작할 수 있을까요? '내가 좋아하는 것이 무엇인지',

'내 취향은 무엇인지'를 발견하는 것에서부터 시작됩니다.

말로 하면 쉽지만, 솔직히 간단하지만은 않습니다. 내가 무엇을 좋아하는지를 찾기 위한 질문을 자신에게 하는 것이 낯설 수밖에 없습니다. 대부분의 사람이 자신을 둘러싼 환경과 주변 사람들에게는 관심이 많으면서도 이상할 정도로 스스로를 알아가는 시간에는 둔감해집니다. 그렇기 때문에 '자신을 객관화해 바라보는 과정'을 쉽고 단순하게 느껴지도록 만드는 친밀화 작업이 필요합니다.

그럴 때는 쉬운 질문을 만들어 보는 게 좋습니다. 내가 좋아하는 음식은 무엇인지, 카페에 가면 가장 먼저 찾는 음료는 무엇인지, 내가 좋아하는 브랜드는 무엇인지, 내가 구독하고 있는 유튜브 채널은 어떤 것이 있는지 같은 일상적인 취향들 말이죠. 내가 어떤 음악을 듣고 있는지, 어떤 영화나 드라마를 보며 시간을 보내고 있는지도 제법 중요한 단서가 됩니다. 어떤 책을 읽고 어떤 문장에 밑줄을 쳤는지, 어떤 향기를 좋아하는지 살펴보는 것도 좋아요. 그러나 가벼운 질문을 떠올리는 것마저 힘겹게 느껴질 수 있습니다. 그렇다면 자신이 머무는 공간을 살펴보세요. 책장과 선반, 책상 위를 둘러보는 것도 좋습니다. 시간을 보내는 공간만큼 자신의 취향이 선명하게 투영된 곳도 없거든요. 자신도 모르던 사이에 취향이 하나씩 쌓여가고 있었을 겁니다. 그 공간에 서서 '이곳을 처음 방문한 손님'이 되어 관찰해 보세요. 당신이라는 사람이 무엇에 영감을 받고, 좋아하는지 쉽게 발견할 수 있을 것입니다. 그리고 이렇게 얻은 영감을 조합하는 정성이 바로 '나를 찾는 방법'입니다.

'나는 누구인가'라는 어려운 질문을 다짜고짜 자신에게 건네는 것보단, 당신의 주변에서 당신을 둘러싸고 있는 취향들이 무엇인지 살펴보세요. 간단한 물건에서 시작해 점점 여러분의 가치관으로 시야가 확장되면, 나를 찾아가는 작업에 재미를 붙이게 됩니다.

꼭 기억하세요. 당신의 안에서 당신이 직접 발견하고 인정한 당신이 당신의 진짜 모습입니다.

다른 사람의 시선과 평가에 자신을 방치하지 않고, 스스로의 모습을 직접 결정할 수 있기를 바랍니다. 자신이 발견한 것들과 좋아하는 것들로 삶을 주체적으로 채워나가는 사람이 행복을 내면화할 수 있다는 사실도 잊지 마세요.

타인의 평가에 쉽게 휘둘리는 당신이 기억할 7가지

☑ 내가 누구인지, 어떤 사람인지 알아가는 작업은 평생 해야 한다. 자신을 모른 채 행복을 이야기할 수는 없다. 나를 알아야 언제 편안해지는지 알 수 있고, 내가 무엇을 좋아하는지 발견해야 취향껏 살아갈 수 있다.

☑ '나에 대한 타인의 평가, 이야기, 칭찬, 비판'과 같은 것들이 나를 찾아가는 여정에서 의미 있는 지침이 되기도 한다. 그러나 절대로 그것이 전부가 되어서는 안 된다. 타인의 평가와 칭찬은 중요한 깃발과 보상이 될 수 있지만, 그것이 내 인생의 방향을 제시하는 표지판이 될 수는 없다.

☑ 타인의 평가에 민감한 사람은 부정적인 말이나 비판에도 더욱 예민하게 반응한다. 그중에서도 가장 해로운 일은 '나답지 않은 나'가 되어버릴 가능성이 커진다는 점이다. 타인의 평가에 익숙해지지 않을 것. 당신을 판단하는 말에 함부로 동의하지 말아야 하는 이유가 여기에 있다.

☑ 누군가 당신에 대해 좋은 평가를 해야만 좋은 사람이 되는 게 아니다. 반대로 누군가 당신에 대해 나쁘게 말한다고 나쁜 사람이 되는 것도 아니다. 타인의 평가와 칭찬, 피드백과 비판에만 휘둘리다 보면 결국 '다른 사람이 원하는 나'를 만드는 데에 혈안이 된다. 타인의 평가는 잘 참고하되 그로부터 자유로워지는 것이 '나'로 살아가는 비결이다.

☑ 당신을 둘러싸고 있는 것들이 무엇인지 살펴보자. 당신을 감싼 자잘한 일상 속에 당신의 가치관과 취향이 깃들어 있다.

☑ 당신이 직접 발견하고 인정한 당신의 모습이 '진짜 당신'이다. 다른 사람의 시선과 평가에 자신을 방치하지 않고, 스스로를 직접 결정할 수 있어야 한다.

☑ 자신이 발견한 것들과 좋아하는 것들로 삶을 채워나가는 사람들이 행복에 가까워질 수 있다.

콤플렉스를 보란 듯이 극복할 것

당신의 마음을 좀먹는 감정이 있습니다. 바로 타인과 자신을 과도하게 비교하다가 질투에 사로잡히는 것입니다. 질투는 콤플렉스Complex에서 비롯되는 경우가 많고, 나의 단점에 시선을 빼앗겨 새로운 가능성을 탐구하는 일을 멈추게 됩니다.

'비교'가 잘못된 습관은 아닙니다. 오히려 필요할 때가 더 많을지도 모르겠습니다. 적절한 비교 없이는 무엇이 더 나은 선택인지 알 수 없으니까요. 문제는 이 비교의 과정에서 질투하는 마음이 싹트고, 그로 인해 '비교를 통해 도출해 낸 데이터'를 제대로 해석·분석할 수 없게 되는 문제에 있습니다.

질투가 지닌 단점들이 많지만, 그중에서도 가장 안 좋은 점이 '자신을 존중하지 못하게 만드는 마음'을 가지게 되는 것이거든요.

다른 사람의 삶에 초점이 맞춰지면, 당연히 자신의 인생은 재미없어집니다. 내 인생이 재미없어지면, 다른 사람의 인생도 자신의 수준으로 끌어내리고 싶어 혈안이 됩니다. 주변을 망치고, 상황을 망가뜨리는 사람은 보통 이렇게 자기 파괴적인 생각을 지닌 사람들입니다. 마음속에 '다른 사람의 이야기'만 넘치는 인생이 행복을 향해 나아갈 수 없다는 건 자명한 사실입니다.

자신의 인생을 온전히 살아내는 것도, 다른 사람을 사랑하는 것도, 의미 있는 결과물을 만드는 것도, 주변의 상황과 분위기를 좋은 방향으로 이끄는 것도. 모두 '자신을 향한 존중'에서부터 시작됩니다. 자신을 존중하지 못하는 사람은 인생을 제대로 살아갈 수 없습니다. 애초에 나를 존중하지 않고 타인을 존중하기란 불가능하며, '척'을 해봐도 그런 위선은 거짓이라는 게 금방 들통나고 맙니다.

그렇다면 어떻게 자신을 존중할 수 있을까요? 바로 이 세 가지에서 시작됩니다.

① 자신이 진정으로 원하는 것을 깨닫는다.

② 그 방향으로 나아가기 위한 크고 작은 결정을 스스로 내린다.

③ 자신의 선택에 책임지는 연습을 한다.

마음이 무엇을 원하는지 끊임없이 질문하세요. '다른 사람이 그렇게 하니까', '다른 사람처럼 되고 싶어서'가 아니라, 내가 정말 그것을 원하는지, 그리고 그것을 해내기 위해서 나에게 필요한 것은 무엇인지, 지금 어떤 방향으로 나아갈 것인지에 주목하는 것입니다.

이렇게 자신이 원하는 바를 존중할 줄 아는 사람은 자신이 만들어 낸 결과물에 대해서도 충분한 보상을 누릴 수 있게 됩니다. 다른 사람이 시켜서 한 일이 아니라 자신이 옳다고 생각해 결정한 결과이기 때문이죠. 책임감 증진도 자연스레 따라오겠네요.

자기 확신, 자기 존중에서 비롯된 의사 결정이 항상 좋은 결과만을 담보하진 않습니다. 하지만 아쉬운 결과를 낳게 될지라도, 자신의 결정에 책임을 지는 태도 또한 자신을 존중하는 유형입니다. 자기 신뢰감을 다질 수 있어요.

마음이 원하는 것에 솔직해진 사람들은 콤플렉스에 사로잡힐 겨를이 없습니다. '바꿀 수 없는 관념'에 주목하는 일이 얼마나 심각한 낭비를 초래하는지 이미 잘 알고 있기 때문입니다. 콤플렉스에 주목하다 보면 자신을 사랑하는 일에 게을러집니다. 어쩌면 콤플렉스의 습성은 지금의 내가 쉽게 바꿀 수 없는 부분임에도 그것에만 집중하느라 일상을 홀대하게 만들지도 모르겠습니다. 자신의 일상을 사랑하지 못하는 사람, 오늘 하루의 시간을 장악하지 못하는 사람이 멋진 결과물을 만들어 낼 수 있을 리가 없죠. 콤플렉스에 시선을 빼앗기면 나의 가능성도 함께 빼앗기게 됩니다.

질투에 사로잡힌 시선, 콤플렉스에 빼앗긴 마음을 가지고 이룰 수 있는 성취는 아무것도 없습니다. 그나마 위안으로 삼는다면 콤플렉스가 때로는 삶을 이어가는 동력이 되기도 한다는 점일 텐데요. 그 일시적인 동력은 마치 '가짜 휘발유'를 주유한 자동차 같아서, 처음엔 인생이 잘 굴러가는 것 같다가도 결국 가짜 휘발유가 내부의 부품들을 망가뜨리고, 예고도 없이 도로 위에 퍼져 이러지도 저러지도 못하는 상황을 초래합니다.

다른 사람의 인생에 주목하지 말라는 말은 비현실적입니다. 우리는 수많은 사람과 관계를 맺으며 살아가는 존재니까요. 그러니 타인의 삶을 해석하는 일에 너무 매몰되어 내 인생을 방치하지 않아야 합니다.

당신의 마음이 원하는 것이 무엇인지 끊임없이 질문하세요. 질문하고 또 질문하세요. 그 방향으로 자신의 인생을 이끌기 위한 의사 결정을 스스로 하세요. 두려워하지 마세요. 직접 만들어 낸 결과와 보상을 오롯이 만끽하세요. 때로는 책임을 지는 연습도 해보시기를 바랍니다. 자신을 사랑하는 일은 스스로를 존중하는 것에서부터 시작된다는 것을 기억하세요.

열등감을 극복하고 싶은 당신이 기억할 10가지

☑ 당신의 마음을 좀먹는 생각이 있다. 바로 타인과 자신을 과도하게 비교하다가 질투에 사로잡히는 것 그리고 콤플렉스에 시선을 빼앗겨 새로운 가능성을 탐구하는 일을 멈추는 것이다.

☑ 비교는 잘못이 아니다. 비교를 통해서 한쪽으로 치우쳐진 생각을 히게 되는 것이 문세나.

☑ 질투의 가장 큰 단점은 자존감을 떨어트린다는 점이다.

☑ 다른 사람과 비교하느라 내 삶을 무가치하게 여긴다면, 내가 나아지겠다는 생각보다 타인을 헐뜯고 비난하는 일에 초점이 맞춰진다.

☑ 자존감이 있어야 자신의 인생을 온전히 살아갈 수도, 타인을 사랑할 수도 있다.

☑ 자신을 존중하는 방법은 자신이 원하는 것을 깨닫고, 그 방향으로 나아가기 위한 크고 작은 결정을 스스로

내리고, 선택에 대한 책임을 지는 연습에서 시작된다.

☑ 내가 무엇을 원하는지 끊임없이 질문할 것. '다른 사람이 그렇게 하니까', '다른 사람처럼 되고 싶어서'가 아니라, 내가 진정으로 원하는지 그리고 그것을 해내는 데 필요한 것은 무엇인지에 주목하라.

☑ 자신에게 솔직해지면 콤플렉스에 사로잡히지 않는다. 바꿀 수 없는 것에 집착하는 일이 얼마나 시간 낭비인지 잘 알고 있기 때문이다.

☑ 콤플렉스에 초점이 맞춰지면 자신을 사랑하는 일에 게을러진다. 제 일상을 사랑하지 못하는 사람, 오늘 하루의 시간을 장악하지 못하는 사람은 멋진 결과물을 만들어 낼 수 없다. 새로운 자신의 가능성을 탐구하지 못하게 된다.

☑ 나를 사랑하는 일은 나를 존중하는 마음에서부터 시작된다.

Part 2

무너진 것은
다시 세우면 됩니다

자존감의 높낮이가 좋고 나쁨을 뜻하진 않는다

서점을 둘러보거나 SNS를 슬쩍 살펴보기만 해도, '당신의 자존감이 낮아서 그렇다', '자존감의 문제다', '자존감을 높여야 한다'라는 메시지를 심심치 않게 발견할 수 있습니다. 그만큼 흔하게 던져지는 진단이고, 그 진단은 생각보다 훨씬 더 오랜 기간 우리의 생각과 태도에 영향을 끼쳐왔습니다. 당신이 예상할 수 있는 시점보다 훨씬 더 예전부터 말이죠. 만약 어렸을 때부터 어른이 된 현재까지도 '항상 높은 자존감을 유지하고 사는 사람'이 되어야 한다고 생각해 왔다면, 자존감을 높이는 방법을 찾기 전에 자존감에 대한 개념 전환을 먼저 이루어 내는 게 훨씬 중요하겠습니다.

저는 자존감이 높은 사람과 낮은 사람이 개별적으로 구분되어 있다고 여기지 않습니다. 다만 자존감이 높은 시기와 낮은 시기가 있을 뿐입니다. 어쩌면 시기보다 더 세밀하게 '날'이나 '시간' 단위로 쪼개질 수도 있고요. 멀리서 찾을 필요도 없습니다. 저부터 그런 사람이거든요. 언제나 자존감이 높기만 한 사람이 세상에 존재하기나 할까요?

자존감이라는 개념 자체가 '레벨'의 개념이 아니라는 것을 기억하세요. 그러면 한결 마음이 편해집니다. 롤플레잉 게임 속 캐릭터의 능력치처럼 '레벨 업'을 한다고 달성한 수준에서 쭉 머물러 주는 속성이 아니라는 의미입니다. 오히려 레벨보단 체력 포인트(HP)나 마력 포인트(MP)에 가깝다고 이해하는 편이 적합합니다.

게임 캐릭터를 강화하기 위해선 체력과 마력의 총량을 키우려는 노력이 중요합니다. 변동의 폭이 크더라도 쉽게 게임 오버되지 않도록 말이죠. 또한 아무리 강한 캐릭터여도 전투를 나가기 전엔 체력과 마력을 보충하기 위한 물약(Potion)을 반드시 보유해야 합니다. 체력과 마력의 게이지는 필수적으로 줄어들 수밖에 없지만, 부족하면 채우면 됩니다. 애초에 항상 게이지를 100%로 유지하는 것 자체가 불가능하다는 사실을 인정하면 전략을 세우기 훨씬 수월해집니다. 나의 약점과 장점을 파악하고 수용해 내게 적합한 방안을 모색하는 겁니다.

자존감도 마찬가지입니다. 꾸준히 경험치를 쌓아 특정 레벨을 달성해 내는 개념이 아니라 상황과 환경, 컨디션에 따라 들쭉날쭉 변동의 폭을 가지는 유연성. 그것이 바로 자존감입니다.

낮은 자존감을 감추기 위해 일부러 더 괜찮은 척할 필요 없습니다. 당신은 실제로도 괜찮은 사람이거든요. 충분히 근사하지만, 종종 마음이 흔들릴 뿐입니다. 그렇기 때문에 높은 자존감과 낮은 자존감, 이 두 가지 상태가 동시에 존재할 수 있음을 이해하는 게 중요합니다. 꼭 자신을 한 가지 상태로만 정의할 필요는 없습니다.

저는 스스로 자존감이 낮은 사람이라고 생각하며 살고 있지 않습니다. 그렇다고 자존감이 높은 상태를 유지할 수 있을 정도로 안정적이지도 않아요. 학창 시절을 떠올려 보더라도 시험 성적이 잘 나온 날엔 세상을 다 가진 것처럼 자존감이 높아지고 기분이 들떴지만, 답안지를 밀려 쓰거나 공부한 만큼 성적이 나오지 않으면 자책하며 끙끙 앓았습니다. 게

다가 뭐든 최선을 다하는 편이라 자책도 열심히 했어요. 높은 자존감을 항상 유지할 수 있는 사람이었다면 자책하며 시간을 보내거나, 스스로를 한심하게 여기지는 않았을 것입니다. 이건 성인이 되어 직장 생활을 십수 년 동안 해온 지금도 여전히 마찬가지입니다. 그날그날 달라요. 그 간극이 자존감의 기본 속성입니다. '내가 만들어 낸 것(결과)'과 '내 마음이 원하는 것(욕구)' 사이의 괴리가 클수록 상대적으로 자존감은 낮아질 수밖에 없습니다. 결과와 욕구는 자주 변화하기 때문에 간격 또한 일정할 수 없습니다.

만약 낮아진 자존감으로 고민 중이라면, 첫 번째 처방은 '자존감을 제발 좀 높이세요'가 아닙니다. (누가 이런 말을 조언이랍시고 당신에게 한다면 그 문장은 그냥 쓰레기통에 집어넣으세요.) 가장 먼저 우리가 해야 할 일은 '자존감이 높아야 한다'라는 집착에서 벗어나기입니다. 너무 힘든 날엔 '지금은 내 자존감이 좀 낮은 시기구나. 그럴 수 있지' 정도로 가볍게 받아들일 수 있다면 좋겠습니다.

'있는 그대로 두고 보라'라는 말이 무책임하다고 생각할 수 있지만, 자존감에서만큼은 한 발자국 떨어져 관망하는 태도로 지켜봐도 괜찮습니다. 자존감이라는 거, 우리가 생각하는 것보다 훨씬 자주 오르락내리락하고 변덕도 심하거든요.

당신은 낮은 자존감을 가진 사람이 아닙니다. 어쩌다 때마침 오늘이 자존감이 낮은 날일 수는 있어요. 당신의 매일이 오늘 같진 않을 겁니다. 부디 당신의 내일이 오늘보단 더 스스로를 존중하고 사랑할 수 있었으면 좋겠습니다. 그러면 됩니다. 그걸로 충분해요.

낮은 자존감으로 고민하는 당신이 기억할 6가지

☑ 자존감이 높은 사람과 낮은 사람이 따로 있진 않다. 그저 자존감이 높은 날과 자존감이 낮은 날이 있을 뿐이다. 매일, 같은 수준의 자존감을 유지하는 사람은 없다.

☑ 자존감은 레벨의 개념이 아니다. 상황과 환경, 컨디션에 따라 유동적으로 변한다.

☑ '내가 만들어 낸 것'과 '내 마음이 원하는 것' 사이의 괴리가 클수록 자존감은 낮아질 수밖에 없다.

☑ 낮아진 자존감의 첫 번째 처방은 '자존감이 높아야 한다'라는 강박에서 벗어나는 것이다.

☑ 너무 힘든 날엔 '지금은 자존감이 좀 낮은 시기구나' 정도로 가볍게 받아들이면 된다. 자존감은 변덕이 심하다.

☑ 당신은 낮은 자존감을 가진 사람이 아니다. 마침 오늘이 자존감이 낮은 날일 수는 있다. 내일은 또 다를 것이다.

무너진 것은 다시 세우면 됩니다

완벽해지고 싶은 마음에 사로잡혔다면

주변을 살짝만 둘러봐도 완벽주의 성향으로 스트레스를 받는 지인들이 많습니다. 완벽을 추구하는 태도 때문에 고충을 겪는 사람들은 하나같이 자신이 무언가에 계속 집착하며 살아간다는 사실에 피로감을 느낍니다. 그런 사람들은 스스로 높은 기준을 설정하고, 기준선에 미치지 못하면 자신을 채찍질하는 일도 서슴지 않습니다. 문제는 이 과정에서 자존감이 바닥에 떨어지기도 한다는 것입니다. 더 멋진 결과물을 만들고 싶은 마음, 더 뛰어난 수준의 성취를 이루고 싶다는 갈망, 어디에 내어놓아도 자신 있게 보여줄 수 있는 완전무결한 결과물을 추구하는 욕망은 배척해야 하는 '나쁜 마음'일까요?

완벽을 추구하고자 하는 마음은 두 가지로 나누어 살펴볼수 있습니다. '건설적인 완벽주의'가 있고, '자기 파괴적인 완벽주의'가 있어요.

자신의 인생이 더 좋은 방향으로 흘러갈 수 있도록 도전하고 노력하는 일은 '건설적인 완벽주의'로 볼 수 있습니다. '잘하고 싶다', '뛰어난 사람이 되고 싶다', '완벽하게 해내고 싶다'라는 열망이 무조건 나쁜 것은 아닙니다. 그동안 당신이 만들어 온 모든 결과물과 성취 또한 이러한 욕망에서 태어났으니까요. 멋진 결과물을 만들어 내는 과정은 원래부터 불안하고 피곤한 일입니다. 무언가를 내놓는 작업은 항상 고통이 동반되는 일이죠. 어떻게 보면 스트레스는 당연히 감수해야 하는 몫일 수도 있습니다.

하지만 자신이 만족할 수 있는 결과물을 만들기 위해, 노력을 넘어 지나치게 자신을 벼랑으로 몰아붙이기만 한다면 내면이 조금씩 병들기 시작합니다. 완벽해지고 싶다는 생각에 문제가 있는 것이 아니라, 결함 없는 완전함을 추구하려는 태도와 그 과정에서 스스로를 존중하지 않는 태도에 문제가 있는 것이죠. 자신을 망가뜨리면서까지 이루어 내야 할 성취란 있을 수 없음을 기억하세요. 내가 온전해야 그 결과물에 대한 칭찬과 응원도 누릴 수 있습니다.

'자기 파괴적인 완벽주의'는 사람을 금방 지치게 만들어요. 실패에 대한 불안과 두려움, 과도하게 주변 사람들의 시선을 의식하는 특성, 결과물의 퀄리티에 대한 염려까지. 여러 방면의 압박감을 한꺼번에 감당하려 하면, 누구라도 온전히 버텨내기 힘들 것입니다. 처음엔 나의 만족을 위해 추구하던 완벽함마저 점차 퇴색되고, 내 의도 혹은 목적과 달라질 수 있습니다. 사람들의 긍정적인 평가에 매달리게 되고, 그러다 보면 조급해져 무언가에 쫓기기라도 하는 것처럼 초조하게 완벽함을 쫓게 될 수 있습니다.

언젠가 제가 재직 중이던 회사의 팀장님이 모니터 앞에서 머리를 쥐어뜯고 있던 저에게 이런 말을 해준 적이 있어요.

"한평 님, 기획할 때 너무 많이 고민하지 마요. 한평 님이 그거 못한다고 우리가 망하진 않아요. 고객들이 좋아할 것 같다는 생각이 들면 그대로 진행하시죠."

이 말이 저에게 얼마나 큰 편안함과 자유를 가져다주었는지 모릅니다. 솔직히 깜짝 놀랐어요. 경력직으로 이직을 해보신 분들은 아시겠지만, 3개월 이내에 성과를 보여줘야 한다는 무언의 압박을 많이들 느끼거든요. 저 또한 그런 상황

무너진 것은 다시 세우면 됩니다

이었고, (한참 시간이 지나 나중에 보니) 심지어 제가 담당했던 기획은 우리 사업부 존망의 기로에서 몹시 중요했던 프로젝트였습니다. 실제로 그 프로젝트에 문제가 발생했으면 우리가 망할 수도 있는 상황이었다는 의미죠. 그런데도 머릿속으로 완벽히 정리되지 않으면 일을 시작하지 못하는 저를 보고, 조금 더 과감하게 용기를 내라는 조언을 해주었던 겁니다. 결과론적이긴 하지만, 실제로 그 이후로 조금 더 유연한 마음가짐으로 속도를 낼 수 있었고, 우리 팀은 차근차근 앞으로 나아갔습니다.

미국의 베스트셀러 작가 '게리 바이너척'이 유튜브에서 이런 말을 한 적이 있습니다.

"목표로 가는 과정을 즐기세요. 저는 최종 목표 같은 건 신경 쓰지 않아요. 오직 과정에 대해서만 신경 쓰고 목표로 가는 과정 자체를 즐깁니다. 과정과 일, 고된 일을 사랑해야 해요. 배우기도 하고, 안 해본 걸 해보기도 하고, 세일즈도 해보세요. 천천히 꾸준히 가는 사람이 결국 이깁니다. 다른 사람이 어떤지를 신경 쓰기보다는 당신 자신을 위해 무언가를 하세요. 오직 자신과 경쟁하세요."

만약 완벽주의가 주는 불안과 걱정에 사로잡혀 있다면, 결과만 추구하는 시선에 과정의 즐거움을 섞어보는 건 어떨까요? 그리고 목표를 향해 나아가는 과정에서 약간의 실수는 발생할 수밖에 없다는 필연성을 인정해 버리는 것입니다. 실수가 항상 실패를 초래하는 것은 아니니까요. 때로는 속으로 이렇게 읊조리는 것도 도움이 됩니다.

　'이 정도 했으면 잘 됐다. 나는 정말 최선을 다했어. 결과가 안 좋으면 그때 내가 책임지면 되지 뭐. 나니까 이 정도 하는 거지. 자, 다음으로 가보자고.'

　'완벽해지고 싶은 마음'은 자존감을 깎아내리는 요소가 아닙니다. 자신이 이루고 싶은 것을 만들어 가는 과정에 필요한 좋은 연료로 사용될 수 있습니다. 완벽을 추구하는 성향으로 인해 자신을 사랑하지 못하는 사람들은 완벽주의를 버리는 대신, 자신이 소화할 수 있는 적당한 수준으로 그 욕망을 끌어안는 연습을 해야 합니다.

완벽주의 성향으로 고통받는 당신이 기억할 9가지

☑ '잘하고 싶다', '뛰어난 사람이 되고 싶다', '완벽하게 해
   내고 싶다'라는 열망이 무조건 나쁜 것은 아니다. 이런
   열망에서 좋은 결과물이 탄생될 수 있다.

☑ 만족할 수 있는 결과물을 만들기 위해 노력하는 것은
   좋지만, 지나치게 자신을 벼랑으로 몰아붙이면 안 된다.
   완벽하고 싶은 마음은 나쁜 게 아니지만, 그 과정에서
   자신을 간과하면 문제가 생긴다.

☑ 자신을 망가뜨리면서까지 이루어도 될 성취는 없다. 내
   가 온전해야 결과물도 온전히 누릴 수 있다.

☑ 자기 파괴적인 완벽주의는 사람을 금방 지치게 만든다.

☑ 완벽주의가 주는 불안에 사로잡혀 있다면, 결과만 추구
   하는 시선에 과정의 즐거움을 섞어보는 것도 좋은 방법
   이다.

☑ 목표를 향해 나아가는 과정에서 약간의 실수는 발생할 수밖에 없다는 것을 인정해야 한다. 실수가 항상 실패를 초래하는 것은 아니다.

☑ 너무 힘들 땐 속으로 이렇게 말하는 것도 도움이 된다. '이 정도 했으면 잘 됐다. 나는 정말 최선을 다했어. 결과가 안 좋으면 그때 내가 책임지면 되지 뭐. 나니까 이 정도 하는 거지. 자, 다음으로 가보자고.'

☑ '완벽해지고 싶은 마음'은 자신의 목표를 이루는 과정에서 적절히 사용되는 좋은 연료가 되어야 한다.

☑ 완벽을 추구하는 성향으로 인해 오히려 자신을 사랑하지 못하는 사람들에게 필요한 것은 자신을 끌어안는 연습이다.

경험치가 쌓여야 보이는 것이 있다

필연적으로 누적의 효과가 필요한 영역이 있습니다. 군데군데 찍어온 여러 점이 어느 날 하나로 연결되어 선이 되고, 선과 선이 만나 새로운 모양을 만들어 도형이 되는 경험을 하기도 합니다. 험하고 지난한 등산의 과정을 거쳐야만 만날 수 있는 풍경이 있고, 경험치가 쌓여야만 보이는 것들이 있어요. 어떤 경험이었는지를 막론하고 그 자체로 나름의 의미를 지니고 있습니다.

롤플레잉 게임을 할 때도 High-Level이 되기 위해선 반드시 경험치를 획득해야 합니다. 처음부터 레벨이 높은 캐릭터는 없습니다. 준비되지 않은 채로 이리저리 휘젓고 다닌다고 퀘스트가 자동으로 해결되는 것도 아니고, 역경에 처한 상황이 어찌어찌 극복될 리도 없습니다. 적정 수준의 레벨이 되어야만 착용할 수 있는 장비가 있고, 그 단계를 넘어서야만 진입 가능한 던전(영역)이 있어요. 경험치를 쌓기 위해서 거쳐야 하는 역경과 몬스터, 함정과 던전, 수련의 단계와 퀘스트는 우리 삶에도 필연적으로 존재한다는 사실을 명심해야 합니다.

자존감이 낮아지면 자신이 그동안 해왔던 일들과 이루어 온 성과들에 애정의 시선을 주기 어려워집니다. 만들어 온 결과물이 상당히 괜찮았음에도 스스로 가치를 깎아내리거나, 알아채지 못하거나, 무시하는 경향을 보이게 됩니다. 자신이 쌓은 경험치를 쉽게 초기화해 버리는 것입니다. 무엇보다 안팎을 둘러볼 수 있는 여유가 없기 때문에 항상 조급하고, 불안하고, 좌절하고 자책하는 데에 익숙해집니다.

자존감이란, 앞서 언급했듯이(p.74) 일정한 어느 한 단계에 머물러 있지 않습니다. 저 또한 낮아진 자존감으로 인해 나 자신을 끊임없이 의심하고 성급한 태도를 보이게 될 때가 있습니다. 심리적으로 여유가 없다 보니, 평소엔 하지 않을 행동과 생각을 하고 어김없이 후회할 만한 말과 태도를 보이게 돼요.

저는 소속되었다는 느낌과 그곳에서 유용한 사람으로 인정받는 효용성을 중요시하는 편입니다. 학교에 입학하거나 동아리에 가입했을 때, 입사를 하거나 이직을 했을 때도 소속감과 유용성, 자기효능감을 느끼기 위해 부단히 애씁니다. 조금이라도 빨리 안정적이고 싶어서입니다.

빨리 적응하고 싶고, 얼른 성과를 내고 싶고, '없으면 안 되는 사람'이 되고 싶다는 강박에 사로잡혔기 때문에 항상 마음이 급했습니다. 모든 건 거쳐야 할 단계가 있고 시간이 필요하기도 하다는 걸 머리로는 알면서도 불안함이 사라지지 않았어요. 조금만 속도를 늦추고 여유를 가지기가 어쩜 그렇게 어려운지. 마음이 급하니 잘할 수 있는 영역에서도 실수가 발생하게 됩니다. 그간 쌓아놓은 경험치도 제대로 소화하지 못해서 다음 레벨로 성장은커녕, 현재의 레벨을 유지하기도 벅차집니다. 사소한 평가에도 크게 휘청대고 타인의 눈치도 많이 보게 되니, 이야말로 위기 상황입니다.

2017년 트위터에서 공유되어 지금까지도 수많은 사회 초년생들을 위로하는 글이 있습니다.

처음 일 배울 때 존경할 만한 팀장이 했던 말.
"빨리는 숙련되면 할 수 있지만,
꼼꼼히는 처음부터 안 하면 숙련돼도 못한다.
그러니 서두르지 말고 꼼꼼히 해".
– Twitter | @catseye1580

각자의 보폭이 있습니다. 보폭은 성장의 정도와 연동되어 있습니다. 어린아이의 보폭과 어른의 보폭이 다를 수밖에 없는 것처럼, 처음부터 너무 많은 성과를 기대하거나 빨리 마무리하는 것에 집착하다 보면 어쩔 수 없이 실수가 발생하게 됩니다.

서두르지 말고 꼼꼼하게 하면 된다는 말은 그래서 모두에게 큰 위로가 됩니다. 우리는 서두르느라, 세상의 속도와 타인의 속도에 맞추느라 쉽게 자신을 간과했습니다. 남들에게는 중요하지 않을지라도, 나에게는 중요한 이념들을 못 본 척 지나치곤 했습니다. '서두르지 말고, 꼼꼼하게'라는 말속에는 지난 시간을 돌아보게 하는 힘이 있습니다. 순간순간 꼼꼼하게 살피면서 사소한 의사 결정에도 책임을 지는 연습을 하기 시작했다면, 그곳에서 성장이 시작되니까 말이죠. 묵묵히 해내는 사람이 결국 높은 숙련도를 달성할 수 있습니다.

본질적인 극복은 결국 '나'의 성장에 달려 있습니다. 성장을 위해선 다양한 경험과 누적된 시간이 절대적으로 필요해요. 두 가지를 건너뛰고 성장할 수 있을 거라는 생각은 오만에 가깝습니다. 지름길이 없는 여정은 끝이 보이지 않고 아득하게만 느껴지는 순간들의 연속일 테죠. 그러니 나 자신을 믿어야만 그 여정을 계속할 수 있습니다. 자신이 걸어온 길을 인정하고, 응원해 줘야 합니다. 나를 믿고 한 걸음씩 걸어가는 사람들은 조바심을 내지 않아요. 내디딘 걸음들이 모여 길이 된다는 사실을 깨달았기 때문입니다. 만족할 수 있는 결과물은 꾸준한 시도와 믿음을 토대로 만들어진다는 사실을 잊지 마세요.

낯선 환경이나 어색한 상황에선 누구나 어려움을 겪습니다. 초심자는 어리숙하고 미숙하며 실수를 거듭하고 쉬운 일이라곤 없습니다. 배움과 반성의 연속에서 누구나 자존감이 깎이고 자괴감을 경험합니다. 과도기를 넘기지 못해 포기하고 마는 사람들도 많습니다. 그러나 당신이 겪는 과도기가 꼭 집어 당신 한 사람만 겪는 문제적 시기는 아닙니다. 누구나 초기에는 비슷한 어려움을 겪습니다. 그 사실을 명심하기만 해도 한결 마음이 편해질 거예요. 고비를 넘기면, 더 나은 모습으로 성장할 수 있습니다. 자신을 믿어주세요. 나 자신보다 든든한 조력자는 이 세상 어디에도 존재하지 않습니다.

물론, 주어진 상황에 진심으로 임한다고 하더라도 컨트롤 불가능한 '능력 밖의 일'도 있습니다. 모든 역경을 극복하고 문제를 해결할 수 있다면 좋겠지만, 당신의 기대와 별개로 아무리 노력해도 안 되는 일도 존재합니다. (불가능을 인정하고 받아들이는 게 꽤 아프긴 합니다.)

사회생활을 하다 보면 강철 멘탈을 가진 사람들을 종종 만날 수 있습니다. 강한 정신력을 가진 사람들은 난관에 부딪혔을 때의 태도가 남다릅니다. 자신을 탓하거나 문제의 원인에 매몰되어 정체되는 일이 없습니다. 자신이 할 수 있는 일이 무엇인지 빠르게 파악하고 최선을 다하지만, 안 되는 일에는 그럴만한 이유가 있음을 인정하며 적절한 타이밍에 손절할 줄도 압니다. 실패 속에서도 도움이 될 팁들, 여타 상황에서 적용할 수 있는 특성들을 찾아내 습득합니다.

불가능한 일을 인정하지 않고 고집스레 붙잡고만 있으면, 결과물은 엉망이 되고 약속된 마감 일정도 못 지키게 될 것입니다. 끈기인 줄 알았던 특성이 한순간에 이기적인 고집이 됩니다. 모든 사람을 난처하게 할 바엔 빠른 포기가 훨씬 낫습니다. 될 때와 안 될 때를 정확히 구분할 줄 아는 이상적인 사람이 되세요.

최선을 다했지만 그래도 잘되지 않았다면, 자책으로 시간을 낭비하기보단 원인 파악에 에너지를 쏟기 바랍니다. 끙끙대다가 탈 나지 말고 경험의 오답 노트를 작성해 보세요. 그 노트가 말해줄 것입니다. 버티는 것도 능력이지만, 과감하게 손절할 줄 아는 용기도 능력이구나. 우리 삶에는 적절한 포기와 인내가 모두 필요합니다.

조급함에 허덕이는 당신에게 필요한 조언은 자신이 쌓아온 경험치를 믿고 스스로 응원해 주라는 것입니다. 그리고 자신의 범위 밖의 일에도 망가지지 않는 견고한 삶의 태도입니다.

조급함에 힘든 당신이 기억할 8가지

☑ 누적의 효과가 필요한 영역이 있다. 험하고 지난한 등산의 과정을 거쳐야 만날 수 있는 경관이 있다. 경험치가 쌓여야만 보이는 것들이 있다.

☑ 처음부터 높은 레벨에 도달할 수는 없다. 준비 없이 이리저리 휘젓고 다닌다고 문제가 해결되지 않고, 상황이 나아지지도 않는다. 적정 수준이 되어야 착용할 수 있는 장비가 있고, 그 단계를 넘어서야 진입 가능한 던전이 있다. 경험치를 쌓기 위해서 거쳐야 하는 역경과 몬스터, 함정과 던전, 수련의 단계와 퀘스트는 필연적으로 존재한다는 사실을 잊지 말아야 한다.

☑ 각자의 보폭이 있다. 그리고 이 보폭은 성장의 정도와 연동한다. 사람마다 보폭이 다른 것처럼, 처음부터 너무 많은 일을 해내려고 하면 안 된다. 나에게 맞지 않는 보폭으로 걷다 보면 발을 삐끗하거나 넘어지게 된다.

☑ 서두르기보다 순간순간 꼼꼼하게 살피면서 사소한 의사 결정에도 책임을 지는 연습을 해야 한다. 묵묵히 해

내는 사람이 결국 높은 숙련도를 달성한다.

- ☑ 주어진 상황에 최선을 다해도 안 되는 일이 있다. 그럴 땐 고집스레 붙잡고 있지 말고 받아들여라. 모든 것이 뜻대로 되진 않는다.

- ☑ 자신을 탓하거나 문제의 원인을 찾아 매몰되지 말아야 한다. 포기에도 용기가 필요하다.

- ☑ 실패를 경험한 후 자책으로 시간을 낭비하기보단 원인 파악 후에 같은 실수를 반복하지 않을 수 있도록 시간을 쏟는 게 좋다.

- ☑ 나를 응원하는 태도가 삶을 견고하게 만든다.

걱정은 잘하고 싶은 마음에서 태어난다

'잘하고 싶은 마음'은 더 나은 결과를 만드는 원동력이 되기에 꾸준히 유지하는 게 좋습니다. 이 과정에서 걱정이 발생하는 것도 당연합니다. 잘하고 싶은 마음이 클수록 고민도 비례해 커지게 됩니다. 그러나 마침내 원하는 목표를 이루거나 갈망하던 성취를 손에 쥐고 나면, 복합적이던 감정이 기쁨과 성취감으로 바뀝니다. 어쩌면 '과정'에서 느끼는 혼란이 클수록 '결과'의 기쁨도 커지는 것일지도 모르겠습니다. 그렇기에 걱정을 무조건적으로 배척할 필요는 없습니다. 없애고 싶다고 없앨 수 있는 속성이 아니기도 하고요. 걱정은 잘하고 싶은 마음에서 태어나고, 그렇게 태어난 마음은 당신을 더 신중하고 진지하게 만들어 줍니다. 경계를 해야 하는 건 걱정 그 자체가 아니라, 그로 인해 지레 겁먹는 것이겠죠.

2009년, MBC에서 〈퀸연아! 나는 대한민국이다〉라는 제목으로 특집 방송을 내보낸 적이 있습니다. 이때, PD가 몸을 풀고 있는 김연아에게 이런 질문을 했어요.

"무슨 생각 하면서 (스트레칭을) 하세요?"

김연아는 큰 대회를 앞두고, 대한민국을 넘어서 전 세계의 관심을 받고 있는 상황이었습니다. 감동 포인트를 자연스럽게 뽑아내는 게 다큐멘터리 PD의 숙명이기에 아마도 김연아의 가치관이 담긴 명언이 나올 거라고 예상한 질문이었을 겁니다. 그러나 이 질문에 대한 김연아의 대답이 너무 의외였던 나머지, 10년이 넘게 흐른 지금까지도 여전히 회자되고 있습니다.

"무슨 생각을 해…. 그냥 하는 거지."

당시 김연아는 화제의 중심이었습니다. 국민의 사랑, 언론의 관심, 훈련에 대한 걱정, 결과에 대한 부담감 등등 여러 가지 압박을 받고 있을 거라고 많이들 예상했습니다. 김연아를 둘러싼 수많은 사람들의 애정과 시기가 나란히 공존했으니까요. 그런데도 환하게 웃어 보이며 '그냥 합니다'라고 덤

덤덤하게 말하는 모습에 그래서 오히려 '김연아답다'는 반응을 불러일으켰습니다.

김연아에게도 마음을 스치는 걱정과 두려움이 얼마나 많았을까요. 그런데도 선수 생활 내내 완벽한 점프와 정교한 기술을 선보일 수 있었던 이유는 '잘될까?', '해낼 수 있을까?'와 같이 안으로 향하는 우려들을 이겨내서입니다. 끊임없이 훈련하며 쌓아온 지난 시간과 기량을 믿고 과감하게 나아갔기 때문입니다. 김연아가 전 세계 피겨 팬들 앞에서 보여주었던 위대한 기술들은 잘 해내고 싶은 마음, 자신에 대한 믿음, 마음속 깊이 자리 잡은 자신감에서 태어난 게 분명하죠. 걱정이 없는 게 아니라, 걱정을 당연한 것으로 여기고 자신을 신뢰하고 목표에 집중하는 것. 그리고 자신 앞에 주어진 상황을 긍정하며 웃어 보이는 것. 이 태도가 김연아를 세계 최고의 선수로 만든 것입니다.

'잘 해내야만 한다', '완벽해야만 한다', '모든 사람과 잘 지내야만 한다', '어려운 순간에도 티를 내지 않아야 한다' 등등. 강박에 빠져들게 하는 생각들이 많지만, 한 발자국 떨어져서 보면 사실 꼭 그래야만 하는 것도 아닙니다. 정해진 답안지란 없습니다. 완벽해야 한다는 판타지조차 사실은 내가 스스로에게 부여한 것이니까요. 그리고 판타지는 말 그대로 판타

지일 뿐입니다. 걱정 하나 없는 완벽한 상황 또한 판타지인 것이죠.

큰 시험을 앞두고 있다면, '모든 문제를 다 맞혀야 해', '높은 점수를 받아야만 해'라는 마음가짐이 아니라, '내가 그동안 공부했던 것, 노력했던 것을 충분히 쏟아내면 돼'라고 생각해 최선을 다하면 됩니다. 때로는 결과가 나의 노력을 배신할 때도 있겠지만, 그럴 때도 '이번엔 내가 가질 수 없었나 보다' 하고 의연한 태도를 보이는 게 정신을 건강하게 유지하는 데 도움이 됩니다. 쓰러져도 금방 일어나는 사람이 다음을 더 빠르게 기약할 수 있어요.

게다가 '아무렇지 않은 척'을 계속하다 보면 조금씩이라도 정말 아무렇지 않아집니다. 때로는 이런 '척'도 마음을 다스리는 데 도움이 돼요. 한 발자국 떨어져 상황을 바라보기 시작하면, 조금 더 멀리 볼 수 있는 시각을 가지게 됩니다. 혼란한 마음을 정돈하고 나면, 객관화가 가능해집니다. 좌절하고 널브러져 있는 게 아니라, 기회를 보며 타이밍을 잡아내면 또 다른 기회를 마주할 수 있습니다. 막다른 길을 만났을 때, 되돌아가서 또 다른 시도를 해야 새로운 루트를 발견할 수 있는 것처럼요. 내가 유의미하다고 생각한 것에 의미를 부여하고 주목하면, 가치를 발견하고 성장할 수 있습니다.

2020년, 김지수 〈조선비즈〉 문화전문기자가 요리연구가 백종원을 인터뷰한 특집 기사를 선보인 적이 있습니다. 내용 중에 굉장히 인상 깊은 대목이 있었습니다. 백종원이 그간 손님들 앞에서 '욕심 없는 척'을 해왔다는 것입니다.

> **백종원** 원래부터 착한 놈이 어딨어요? 제가 사실 입도 거칠어요. 그런데 방송하려니 도리가 없어요. 겸손한 척, 착한 척, 순화해야지. 방송에서 하던 대로 밖에서도 말하니, 처음엔 직원들이 '어디 아픈가?' 했대요. 참 이상한 게, 사람들이 저의 '척'을 진심으로 받아주니까, 자꾸 '이런 척' '저런 척' 더 하고 싶어져요. 그렇게 출연료, 광고료 여기저기 기부도 하면서 마음 부자가 되어가요. 저 원래 그런 놈이 아닌데, 점점 '척'대로 되어가요.

'척'이 '진짜'가 되는 경우도 있어요. '척'을 체화하는 삶의 태도는 때론 마음을 지키는 유용한 방법이 되기도 합니다.

걱정이 잘하고 싶은 간절함에서 태어난다면, 걱정은 필수적으로 나를 따라다닐 것입니다. 걱정이 많아 걱정이라면, 매일 밤 걱정 때문에 잠을 설친다면, 자신이 잘하고 싶어서라는 것을 알아차려 주세요. 그리고 걱정의 지배로부터 자유로워지시기를 바랍니다. 어느 정도의 걱정은 삶을 더 윤택하게 만들어 줄 테니까요. 인생을 조금 더 가까이 들여다보면 '이래야 한다'라는 정답은 없습니다. '그럴 수 있다'라는 이해만 있을 뿐입니다.

'불안한 마음이 만들어 내는 요소 중에 좋은 것은 하나도 없다'라는 걸 깨닫고 나면, 어디로 향해야 하는지 알 수 있게 됩니다. 결과에 대한 집착이 지나치다면, 과정을 잘게 쪼개서 작은 성공의 경험을 차근차근 쌓아가는 것도 좋겠습니다. 큰 결과에는 그에 비례하는 기대와 걱정이 따라오지만, 결과가 작다면 당연히 걱정도 줄어들게 되니까요. 매일 작은 성공을 쌓는 사람이 결국 자신이 원하는 결과를 이루고, 마침내 걱정을 다스릴 수 있게 됩니다. 당신의 인생을 당신이 원하는 형태로 만들어 가세요. 걱정이 없는 사람이 아니라, 걱정을 뛰어넘는 사람이 되도록 말이죠.

걱정에 사로잡힐 때 명심할 8가지

☑ '잘하고 싶은 마음'은 더 나은 결과를 만드는 원동력이 된다. 간절하기 때문에 기대하고 걱정한다.

☑ 걱정을 무조건 배척할 필요는 없다. 없앨 수 있는 속성도 아니다. 걱정은 당신을 더 신중하고 진지하게 만들어 준다. 경계해야 하는 건 지나친 고민으로 지레 겁을 먹는 태도다.

☑ '잘 해내야만 한다', '완벽해야만 한다', '모든 사람과 잘 지내야만 한다'는 강박에서 벗어나야 한다. 완벽함은 판타지에 가깝다.

☑ 실패를 경험하더라도 의연한 태도를 유지하기 위해 노력하라. '아무렇지 않은 척'을 하다 보면 조금씩 아무렇지 않아진다. 때로는 '척'이 마음을 다스리는 데 도움이 된다.

☑ 거시적으로 바라봐야 멀리 볼 수 있다. 일희일비하지 말고 생각을 객관화하고 상황을 살피는 것이 좋다. 그

렇다면 눈앞의 기회를 적절한 타이밍에 잡을 수 있다.

☑ 걱정은 필수적으로 당신을 따라다닐 것이다. 걱정이 많아 걱정이라면 걱정에 지배되지만 않도록 주의하라.

☑ 걱정을 내려놓고 싶다면 인생에 정답은 없다는 것을 명심해야 한다.

☑ 결과에 대한 집착 대신 과정을 잘게 쪼개서 작은 성취감을 쌓아가는 것이 좋다. 매일 작은 성공을 쌓는 사람이 결국 자신이 원하는 결과를 이루고, 마침내 걱정을 다스릴 수 있게 된다.

당신은 우울한 감정을 소화할 수 있다

우울은 누구에게나 있고, 생각보다 우리 가까이에서 맴돌고 있습니다. 자신의 우울을 표현하거나 주변에 털어놓기가 조심스러워, 다들 각자의 방식으로 덮어두거나 나름의 방법으로 감당하고 있을 뿐입니다.

　우울한 감정을 자주 느끼는 사람들은 자신의 감정에 지극히 솔직하고, 섬세한 감정선을 지녔습니다. 그렇기 때문에 감정의 오르내리는 폭이 다른 사람들보다 큰 것이죠. 다른 측면으로 바라보면, 감정을 소중히 여기고 예민하게 느끼는 만큼 행복감도 보다 쉽게 자신의 감정으로 만들 수 있다는 것을 뜻합니다.

바닥을 아는 사람이 땅을 딛고 일어섭니다. 우울이 무엇인지 아는 사람들은 그래서 강해요. 자신의 감정이 어느 방식으로 움직이는지, 어느 정도의 폭을 지니는지, 그 간격에서 자신의 생각을 정리하는 방법을 누구보다 잘 알고 있습니다.

물론 '우울한 감정'과 '병으로서의 우울'은 다릅니다. 스스로 해결할 수 없을 만큼 감정의 골이 깊어지면 그때는 그 과정을 차분히 따라가며 도와줄 수 있는 전문가를 만나는 게 가장 좋습니다. 순간을 스치는 우울한 감정이 우울증이 되지 않도록 마음을 잘 들여다보고, 이것을 어떻게 처리할지 고민해 보는 것이 중요합니다. 특정 범위의 우울을 넘어섰다는 생각이 들거나, 도저히 혼자 감당할 수 없으면 꼭 전문가 상담을 받아보세요.

자존감이 높거나 정신적으로 건강한 사람도 우울감을 느낄 수 있습니다. 아니, 오히려 우울감이 전혀 없는 인생을 살아가는 사람이 있다면 그건 그것대로 위험한 것일 수 있어요. 우리 삶은 다양한 상황과 사건, 여러 관계 속 상호 작용을 통해 끊임없이 변화해 갑니다. 이 과정에서 혼란과 스트레스, 우울과 슬픔 같은 감정을 느끼는 건 불가피한 일입니다.

감정을 잘 처리하기 위해 각자의 방법과 무기를 개발할 필요가 있는 것이지, 감정을 느끼는 감각 자체를 완벽하게 피하려 하면 그건 욕심입니다. 그러고 싶다고 그래지지도 않습니다. 감정을 피할 수는 없지만, 휩쓸리지 않도록 자신만의 방법을 만들 수는 있습니다.

수년간 우울증을 앓다가 "이제는 벗어났다"라고 고백한 배우 '짐 캐리'가 이런 말을 했습니다.

"슬픔은 우연에서 오는 것입니다. 어떤 일이 나에게 발생했을 때 그것으로부터 느껴지는 감정입니다. 하지만 우울은 좀 달라요. 우울은 내 몸이 보내는 신호입니다. 외부의 사건 때문이 아닌, 내부에서 태어나는 것입니다. 저는 우울을 단순히 정신적 질환으로 보기 전에 충분한 휴식을 취해야 한다는 신호로 해석합니다. 울고, 숨 쉬고, 다시 시작하세요."

다른 감정들은 표현을 하거나, 무언가로 해소하거나, 다른 것으로 덮는 게 가능합니다. 하지만 우울은 달라요. 우울에는 적절한 휴식이 반드시 필요합니다.

의식하든 안 하든, 우리는 우울함을 극복하기 위한 자신만의 필살기를 지니고 있습니다. 그 무기의 형태는 음식이 될 때도 있고, 운동이 될 수도 있습니다. 사랑하는 사람과의 관계일 수도, 혼자만의 시간일 수도 있겠죠. 그렇기 때문에 생각의 전환이 필요합니다. 같은 행동을 하더라도 '우울한 감정을 떨쳐내기 위해 하는 일'이 아니라, '행복한 감정을 느끼기 위해 하는 일'이라고 정의하는 것입니다.

물리학자이자 카이스트의 교수 정재승의 책《열두 발자국》(어크로스, 2018)을 보면 이런 문장이 있습니다.

"내 마음대로 할 수 있는 시간이 주어졌을 때, 나는 어떤 행동을 하는가를 살펴보면 내가 어떤 인간인지를 알 수 있습니다."

너무 당연한 말입니다. 글을 쓰면 '글 쓰는 사람'이 됩니다. 달리기를 하면 '달리는 사람'이 됩니다. 우울한 감정을 떨쳐내기 위한 일을 하면 '우울에서 벗어나고 싶은 사람'이 됩니다. 그렇다면 행복을 느끼는 사람은 '행복한 사람'이 됩니다.

당신이 어떤 사람인지, 무엇을 지향하는 사람인지 알 수 있는 방법은 당신이 '내 마음대로 할 수 있는 시간'을 어떻게 사용하는지, 그때 무엇을 하는지, 어떤 것을 통해 즐거움을 느끼는지에 달려있습니다. 당신이 우울감을 벗어나고 싶은 사람이라면, 일상을 무너뜨리는 습관이 있지 않은지 반드시 점검해야 합니다.

누군가 당신에게 '일상의 습관에는 어떤 것들이 있는지' 묻는다면 무슨 대답을 하게 될까요? 우울한 감정을 제대로 해소하고, 적절히 처리할 줄 아는 사람들은 자신이 느낀 우울함과 별개로 '일상을 구성하고 있는 필수 요소'를 소중하게 여깁니다. 식사, 수면, 운동 같은 기초적인 것들 말이죠. 기본이 튼튼해야 무너지지 않는 법입니다.

우울한 감정이 일상을 덮쳐 마음이 무너졌을 때, 건네보면 좋을 몇 가지 질문이 있습니다.

마음이 무너졌을 때 해야 할 질문

· 오늘 밥은 잘 챙겨 먹었는가?

· 좋아하는 음악이나 책, 영화 등 콘텐츠를 즐기고 있는가?

· 잠은 잘 자고 있는가?

· 소중한 사람과 눈을 맞추며 이야기를 나누고 있는가?

· 적절한 운동을 하고 있는가?

· 날씨가 좋은 날에 햇볕을 받으며 산책하고 있는가?

식욕, 수면욕 같은 원초적인 영역을 소홀히 대하는 사람은 우울에 사로잡히기 쉽습니다. 그러니 잠들지 못하고 적막한 새벽에 자신을 많이 노출하게 됩니다. 꼬리에 꼬리를 무는 잡생각들은 당신을 점점 더 거칠게 만듭니다. 아직 일어나지 않은 일에 겁먹느라 시간을 낭비할 필요는 없습니다.

우울한 감정을 의연하게 처리하고 삶의 중심부로 행복을 끌고 들어온 사람들은 '별거 아닌 것 같은 사소한 즐거움'으로 일상을 채워낼 줄 아는 사람들입니다. 건강한 자극을 주며 살아가는 것이죠. 마음의 근육을 키우기 위해 단련해야 합니다. 운동을 멈춘 몸은 그동안 만들어진 체력을 소비하며 살아갈 수밖에 없고, 이런 사람은 체력의 총량이 변하지 않고 점점 줄어들기 때문에 결국 쉽게 방전될 수밖에 없습니다.

기억하세요. 마음의 근육은 일상의 습관을 통해 단단해집니다. 우울한 감정이 일상의 습관 사이에 끼어들 틈을 주지 마세요. 작은 행복과 사소한 기쁨으로 일상을 아름답게 채우세요. 크기가 작더라도 확실한 만족으로 하루를 채우세요.

당신은 우울한 감정을 소화할 수 있습니다. 그렇게 믿어주세요. 당신은 스스로 더 나은 일상을 만들 수 있는 사람입니다.

우울한 감정으로 어려움을 겪을 때 기억할 10가지

☑ 우울은 누구에게나 있다. 다들 각자의 방식으로 덮어두거나 저마다 감내하고 있는 것이다.

☑ 우울한 감정을 자주 느끼는 사람들은 감정에 솔직하고 섬세하다. 그만큼 행복한 감정도 자신의 것으로 만들 수 있는 힘을 가지고 있다.

☑ '우울한 감정'과 '병으로서의 우울'은 다르다. 이 차이를 명확히 하고 후자의 경우에는 전문가를 만나 도움을 받아야 한다.

☑ 우리 삶은 다양한 상황과 사건, 여러 관계 속 상호 작용을 통해 끊임없이 변화한다. 이 과정에서 부정적인 감정의 발생은 불가피하다.

☑ 우울에는 적절한 휴식이 반드시 필요하다.

☑ 당신이 어떤 사람인지 알 수 있는 방법은 여가를 어떻게 사용하는지, 그때 무엇을 하는지, 어떤 것을 통해 즐

거움을 느끼는지에 달려 있다. 우울감에서 벗어나고 싶
다면, 일상을 무너뜨리는 습관이 있는지 반드시 점검해
봐야 한다.

☑ 기본 욕구를 소홀히 하면 우울감에 사로잡히기 쉽다.

☑ 마음의 근육을 단련해야 한다.

☑ 작은 행복과 사소한 기쁨으로 일상을 조금씩 채워가는
것이 좋다. 크기가 작더라도 확실한 만족감을 느끼는
연습을 해야 한다.

☑ 당신이 우울한 감정을 소화할 수 있다는 사실을 반드시
기억하라.

혼자일 수도 있어야 한다

요즘만큼 사람과 사람 사이의 거리에 대해서 많은 생각을 했던 적이 있나 싶습니다. 코로나19 팬데믹(세계적 대유행) 선언 이후로 전염병과의 사투가 길어지면서, 우리는 보이지 않는 것과의 싸움에 익숙해지고 있어요. 이 과정에서 사람들은 혼자가 되는 시간, 분리된 공간, 제한된 활동 등등 외부로부터 차단되는 경험을 거듭하고 있습니다.

거리 두기의 상황이 모두의 예상보다 긴 시간 동안 이어지다 보니, 누군가는 건강이 악화되거나 사랑하는 사람과의 이별을 겪기도 했습니다. 직장을 잃거나 생계가 무너지는 경험을 하기도 하고요. 사회 전체적으로 우울감이 퍼지기 시작하면서 마음이 병들거나 심각한 스트레스를 호소하는 사람들도 많아졌습니다. 이런 상황을 '코로나 블루'라고 부르기도 하죠.

차단된 생활을 하게 되면서 사람들은 내면에 집중하게 되었습니다. 자신이 진정한 편안함을 느끼는 순간이 언제인시 비로소 깨닫게 되었다는 이야기도 많이 듣게 돼요. 누군가는 통제된 영업시간에 아쉬움을 토로하지만, 또 누군가는 집에 일찍 들어갈 수 있어서 좋다고 말합니다.

언젠가 김지영 작가의 책 《행복해지려는 관성》(필름, 2021)을 읽다가 눈에 띄는 문장을 발견했습니다.

"혼자여야 한다는 것이 아니다. 혼자일 수도 있어야 한다는 것이다."

저는 내향인 중에서도 내향인이고, 집돌이들 사이에서도 알아주는 집돌이입니다. 여러 변화 앞에서 여전히 '내 마음이 진짜로 원하는 게 무엇인지' 탐구 중입니다. 탐구 과정에서 얻게 된 결론은 '나는 생각보다 혼자 보내는 시간을 많이 필요로 하고, 혼자 있는 시간을 좋아한다'는 것입니다. 제가 '혼자 있는 시간'을 원하고 있다는 걸 깨닫고 나니, 그동안 해왔던 수많은 노력이 더욱 버겁게 느껴지기 시작했습니다.

여기서 중요한 건, 단순히 '집에 일찍 들어갈 수 있어서 좋다'가 아니라, '내 마음이 좋아하는 건 집에 있는 거구나'를 깨달았다는 것입니다. 그리고 기호를 손에 쥐는 일이 생각보다 훨씬 더 충만한 기쁨을 느끼게 한다는 사실까지 말이죠. 어쩌면 취향을 깨달은 저는 모든 질병 상황이 종식된 이후에도 스스로를 제한하며 살아가게 될지도 모르겠습니다. 그런데 더욱 놀라운 점은, 이것이 오로지 저만의 개인적인 감상이 아니라는 것입니다. 오히려 억지로 해왔던 일들을 합당한(?) 이유를 대고 하지 않을 수 있어서 부담감을 덜게 되었다는 사람들도 많습니다. 내성적인 사람에 한정된 이야기일 수는 있겠습니다. 사람을 만나면서 건강한 자극을 받고, 활동적으로 소통하며 에너지를 얻는 사람들도 많으니까요.

하지만 '혼자'라는 단어의 의미가 바뀌어 가고 있다는 것만은 부정할 수 없습니다. 단절과 고립, 외로움과 쓸쓸함을 떠올리게 했던 단어는 어느새 '혼자서도 충분한 순간'으로 바뀌어 해석되고 있습니다. 혼자여야 한다는 게 아니라, 혼자일 수도 있어야 한다는 문장에 위로를 받는 것도 그런 이유에서겠죠.

게다가 내가 사용할 수 있는 능력과 개성은 '혼자 보내는 시간'에서 탄생되는 경우가 대부분입니다. 기타를 수준급으로 연주하고 싶다면, 코드를 외우는 고독한 과정을 거쳐야 합니다. 드럼을 잘 치고 싶다면 박자를 잃지 않는 감각을 키워야 해요. 이러한 성장은 혼자서만 이룰 수 있습니다. 그러니 제법 외롭고 고통스럽습니다. 무대 위의 화려한 모습을 동경한다고 무턱대고 합주부터 할 수는 없으니까요. 모든 연주자가 모여 합주를 한다는 건 자신이 갈고닦은 실력과 그에 동반된 고독한 시간을 나누는 것이지, 개인의 실력을 키우는 과정이 아닙니다. 자신의 능력과 개성, 다른 사람과 자신을 구별하는 고유성은 필연적으로 '혼자만의 시간'을 통해 결정된다고 할 수 있겠습니다.

우리는 혼자 있을 때 자신의 취향을 밀도 있게 들여다볼 수 있습니다. 누군가의 도움을 통해 어떤 분야에 입문할 수는 있지만, 그것을 탐구해 깊어지는 것은 결국 본인의 몫이거든요. (강제로) 집에 일찍 들어가기 시작하면서 '내가 집에 일찍 귀가하는 걸 엄청 좋아하는 사람'이라는 걸 깨닫게 된 것처럼, 직접 경험해야 알 수 있는 부분들이 있습니다. 내가 좋아하는 것, 싫어하는 것, 원하는 것, 피하고 싶은 것들을 제대로 알아야 입체적인 삶을 살아갈 수 있어요. 자신의 취향을 알아가는 과정이 그래서 중요해요. 솔직히 우리 인생은 취향의 총합이라고 해도 과언이 아닐 정도니까요. 그리고 취향을

만나고 구체화하는 과정은 혼자 직면해야만 더욱 선명해지
곤 합니다.

혼자가 되는 시간을 두려워하거나 외로워하지 마세요. 그
고요한 시간을 통해 자신의 마음이 원하는 것을 발견하고,
조금 더 깊게 탐구하고, 삶의 우선순위를 제대로 정돈하고,
좋아하는 일을 즐기는 일에 부지런해졌으면 좋겠습니다.

스스로 선택한 삶의 방식을 통해 단단해질 수 있다는 건 참
좋은 일입니다. 그렇게 단단해진 자아를 지닌 사람은 자신과
잘 지낼 수 있습니다. 자신과 잘 지내는 사람이 타인과도 잘
지낼 수 있습니다. 당연합니다. 내가 원하는 바를 제대로 마
주하는 연습을 하며, 혼자 충분히 소화하는 시간을 통해 단
단해지는 자신을 발견하고, 그렇게 단단해진 마음을 통해 건
강한 관계를 맺을 수 있기 때문입니다.

혼자가 낯선 당신이 기억할 6가지

☑ 혼자여도 괜찮아야 함께일 수도 있다.

☑ 혼자라는 것은 단절되었다는 의미가 아니라, 혼자서도 충분한 시간을 보내고 있다는 의미로 바뀌어 가고 있다.

☑ 특정 능력과 개성은 '혼자 보내는 시간'에서 훈련되거나 생성된다.

☑ 취향이란, 누군가의 도움으로 입문은 가능하지만, 나만의 소유로 만드는 것은 오로지 한 개인의 영역이다. 우리의 인생은 취향의 총합이다. 취향을 만들고 구체화하는 과정은 혼자 직면해야만 더욱 선명해진다.

☑ 고요한 시간을 통해 마음이 원하는 것을 발견하고, 깊게 탐구하고, 삶의 우선순위를 정돈해야 한다. 좋아하는 일을 즐기는 일에 부지런해질 필요가 있다.

☑ 자신이 원하는 것을 제대로 마주하는 연습을 하며, 우리는 단단해진다.

어제의 당신이 오늘의 당신에게 하는 말

마음이 한번 무너지면, 어떤 위로나 조언도 도움이 되지 않습니다. 평소 같았으면 '오, 좋은 말이네', '의미 있는 조언이다'라고 생각해 넘길 수 있는 위로들이 불편해집니다. 마음이 혼란스러우면 흡수되지도 기록되지도 않는 공허한 울림만이 남습니다. 경험이 담긴 진심 어린 타인의 조언은 때론 유의미한 깨달음과 위로를 주기도 합니다. 그렇다 해도 결정적인 순간에는 결국, 그 순간을 헤쳐나갈 수 있는 건 오로지 '나'일 뿐입니다. 다소 차갑게 들릴지도 모르겠습니다. 그러나 나를 지켜내는 문장은 오로지 내가 만들 수 있습니다. 나만이 나를 일으켜 세울 수 있습니다.

'어제의 내가 오늘의 나에게', '오늘의 내가 내일의 나에게' 건네는 응원의 메시지가 중요합니다. 솔직히 나를 가장 잘 아는 사람이 나라고 해도, 필요한 순간에 기다렸다는 듯이 적절한 위로가 나오지는 않아요. 그래서 저는 기록합니다. 도움이 될 문장들을 기록하고, 나에게 필요한(필요할) 응원을 생각날 때마다 적어두고 있어요. 언제든 꺼내서 과거의 나에게 도움을 받아 일어날 수 있도록요.

누구나 마음속 깊은 우물에 빠졌을 때, 혹은 힘겨운 순간을 겪을 때 되뇌게 되는 말들이 있을 겁니다. '할 수 있어', '열심히 해왔잖아', '금방 지나갈 거야', '지금까지 해온 것들을 믿어봐', '이건 아무것도 아냐' 같은 것들이요. 솔직히 대단한 말들은 아니에요. 어떻게 보면 일차원적이고, 타인이 건네면 영양가 없는 위로가 되기도 하는 평범한 문장들이에요. 이렇듯 타인에게는 능숙하게 건넬 수 있는 위로들일지라도 정작 자신에게는 무뚝뚝해지는 경우가 많습니다. 자책하기 바빠 제대로 자신을 위로하지 못하게 되는 거죠. 그러니 스스로에게 이 말들을 건네보시기를 바랍니다. 당신의 안에서 태어난 위로는 당신을 무럭무럭 자라게 할 것입니다.

2016년 8월에 진행되었던 〈제31회 리우데자네이루 올림픽〉에서 남자 펜싱 국가대표 선수 박상영의 "할 수 있다"라는 되뇜은 많은 사람에게 감동을 주었습니다. 그 장면은 몇 년이 흐른 지금까지도 눈앞에 그린 듯 생생합니다. 당시 '남자 펜싱 에페 결승전'에서 박상영의 스코어 상황은 그리 좋지 않았습니다. 아마 그가 금메달을 딸 수 있을 거라고 확신한 사람도 많지 않았을 거예요. 우리나라 선수가 에페 종목에서 금메달을 획득한 적이 없기도 했고, 15점을 획득하면 경기기 종료되는 상황에서 14:10으로 지고 있었으니 말이죠. 단 한 점만 내어줘도 경기는 바로 끝나버리는 상황이었습니다. 그러니 TV를 통해서 경기를 보고 있는 대중들마저 비관적으로 바라보고 있었던 겁니다. 이런 상황에서 박상영을 진정으로 믿어준 것은, 그동안의 노력을 가장 잘 아는 선수 본인이었습니다. 입 밖으로 내보는 자신을 향한 응원의 한마디, "할 수 있다"가 상당한 에너지로 돌아왔을 것입니다. 마침내 헝가리 선수의 왼쪽 어깨에 칼끝이 꽂히면서, 박상영은 14:15로 역전승을 거두었습니다. 드라마보다 극적인 경기였습니다. 한 점도 내어주지 않고 연달아 5점을 획득하면서 금메달을 자신의 품에 안은 것입니다.

결과가 좋았기 때문에 더욱 드라마틱하게 빛나는 이야기

가 된 것이 아니냐고 의문을 품을 수도 있습니다. 하지만 결과 이전의 과정에 주목해 본다면 조금 다른 시선으로 바라볼 수 있게 됩니다. 경기의 흐름을 바꾼 것은 그 "할 수 있다"라는 다짐(응원)의 기세였으니까요.

하나를 보면 열을 안다고 했습니다. 아마도 박상영은 그날의 경기뿐만 아니라 인생의 수많은 난관을 그런 식으로 이겨냈을 것입니다. 태도와 습관이 하나둘 쌓여서 결과를 만들어내는 법이니까요. 물론 언제나 수많은 난관을 '승리'로 이겨내진 않았을 것입니다. 사람들은 자주 '이겨냄=승리'라는 도식으로 오해하곤 하는데, 이 두 가지는 확실히 다른 개념입니다. 그러나 상황을 이겨냄으로써 승리에 가까워질 수 있습니다. 가장 어렵고 힘든 순간에도 자신을 일으킬 수 있는 문장을 지닌 사람들은 혼란 속에서도 자신의 리듬을 금방 되찾을 수 있게 됩니다.

'오늘'에 집중하며 살아가는 데 방해가 되는 요소들이 참 많습니다. 인간은 후회하고 또 후회합니다. 오늘을 살면서도 어제에 시달리고 매달립니다. 오늘을 살지 못하면 자연스레 현실감을 잃고 후회를 거듭하는 함정에 빠지게 됩니다. 과거의 잘못을 머릿속으로 끊임없이 반복 재생하는 거죠. 과거의 경험을 통해 더 나은 오늘을 만들며 성장할 수 있어야 합니다. 하지만 이미 일어난 일에 지나친 영향을 받아서는 안 됩니다. 오늘을 사는 우리는 과거를 수용함과 동시에 경계해야 합니다. 만약 당신이 후회하고 있다면, 그 후회의 이유조차 돌이킬 수 없음을 의미하기에 놓아줄 필요가 있습니다.

후회는 꼬리 잡기와 같아서 또 다른 후회로 이어집니다. 꼬리가 길어지면 내 발에도 밟히기 마련이죠. 그러니 후회가 되는 일이 있다면 담백하게 '다시는 그러지 말아야지' 싶은 부분을 간단히 정리한 후, 최대한 빨리 떨쳐내도록 하세요. 담백하게 정리하고, 깔끔하게 반성하고, 반복하지 않기로 다짐하면 됩니다. 후회에 사로잡혀 삶을 소홀히 대하지 마세요. 좋은 날도 있고 나쁜 날도 있겠지만, 포기해도 되는 날은 없습니다. 매일을 선물로 여기며 살아가는 사람의 일상은 그래서 강합니다.

저는 마음이 무너진 순간에 이런 문장들을 꺼내곤 합니다.

모든 게 생각대로 되는 것은 아니다. 지금은 시간이 필요할 뿐이다. 나 자신에게도 시간을 주고 충분히 기다려 주자. 때로는 좋지 않을 수 있지만, 인생이라는 게 원래 어느 때에는 좋고 어느 때에는 나쁠 수 있다는 것을 인정하자.

마음이 급해질 땐 '괜찮아, 알고 있었잖아. 그럴 수 있지. 다 지나간다. 하기 싫은 마음이 들더라도 지금 하면 결과는 남아'라고 생각하며 마음을 다스립니다.

어제의 당신은 오늘의 당신에게 어떤 말을 전하고 있을까요? 부디 그 메시지에 후회와 절망, 낙담과 실망 대신 오늘을 이겨낼 수 있는 응원이 담겼기를 바랍니다. 나마저도 나를 응원하지 않으면 누가 나를 응원할 수 있나요? 돌아오지 않는 단 한 번의 인생, 자신을 마지막까지 응원해 줄 아군이 되어주세요.

무너진 마음을 일으키고 싶은 당신이 기억할 8가지

☑ 때론 누군가의 조언이 도움이 되지만 결정적인 순간엔 도움이 되지 않는다. 나를 일으킬 수 있는 것은 나 자신 뿐이다.

☑ '어제의 내가 오늘의 나에게', '오늘의 내가 내일의 나에게' 건네는 응원이 중요하다. 나를 향한 위로와 응원을 꾸준히 기록하고 필요할 때 꺼내 보면 좋다.

☑ 결과가 아쉬울 때도 있겠지만, 자신의 진심과 노력을 스스로 인정하면서 승리의 순간이 시작된다. 어렵고 힘든 순간에도 자신을 일으킬 수 있는 문장을 지닌 사람들은 혼란스러운 상황에서도 본인의 리듬을 빠르게 되찾을 수 있다.

☑ 자존감이 낮아지면 '후회'라는 함정에 빠지기 쉽다. 이미 일어난 일에 대한 후회로 현재에 영향을 끼치지 않도록 경계해야 한다.

☑ 후회는 또 다른 후회로 이어진다. 간단히 가다듬고 최

대한 빨리 떨쳐내도록 하라. 담백하게 정리하고, 깔끔하게 반성하고, 반복하지 않으면 된다.

☑ 마음이 무너졌을 때 도움이 되는 문장들.
 · 모든 게 생각대로 되는 것은 아니다.
 · 지금은 시간이 필요할 뿐이다.
 · 나 자신에게도 시간을 주고 충분히 기다려 주자.
 · 때로는 좋지 않을 수 있지만, 인생이라는 게 원래 어느 때에는 좋고 어느 때에는 나쁠 수 있다는 것을 인정하자.

☑ 마음이 급해질 때 도움이 되는 문장들.
 · 괜찮아, 알고 있었잖아.
 · 그럴 수 있지.
 · 지나간다.
 · 하기 싫어도 인내하면 결과가 남는다.

☑ 나만이 나를 제대로 위로할 수 있다.

Part 3

다양한 관계 속에서
성장하고 있습니다

가까울수록 지켜야 하는 선이 있다

친하다는 이유로 당연히 지켜져야 할 선이 너무나 쉽게 침범당하는 경우가 있습니다. 가까운 사람에게 받은 상처는 훨씬 더 아픈데도 말이죠.

대학생 시절, 말을 거칠고 날카롭게 하는 친구가 있었습니다. 저를 공격하려는 의도가 아니라 표현이 서툴러서 말이 거칠게 튀어나온다는 걸 알고는 있었지만, 불쾌감이 반복해 쌓이다 보니, 내심 화가 나는 걸 완전히 숨길 수는 없었어요. 웬만하면 리액션을 잘해주는 편이었기에 어쩌면 그 친구는 더 신나서 제게 생각 없이 말을 내뱉었는지도 모르겠습니다.

하지만 확실한 건, 누군가가 이렇게 선을 넘나드는 말과 행동을 하는데, 그 사람이 언제까지나 내 기분을 휘젓고 다니도록 내버려 둘 순 없다는 겁니다.

인내와 사랑은 유사한 성질을 지니고 있습니다. 상대를 오래 참아준다는 것은 그만큼 상대가 소중하다는 뜻이기도 합니다. 상대를 아껴야만 오래 참는 것이 가능합니다. 당신이 누군가의 배려와 인내를 경험했다면 사랑의 다른 형태를 마주했다고 이해해도 좋습니다.

때로는 일대일 관계가 아닌, 그룹 안에서도 배려와 이해를 겪을 수도 있습니다. 특정 결과물을 함께 만들어야 할 때, 그룹 안에 친밀감 높은 사람이 있다는 건 분명 좋은 일입니다. 그러나 친밀함이 팀워크의 전부는 아닙니다. 게으른 태도로 일관하면서 자신이 담당한 영역을 채워내지 못하거나, 본인에게 필요한 이득만 취하려 한다거나, 들어주기 어려운 무리한 부탁을 하거나, 사소하게는 약속을 어기는 상황이 거듭되면 남보다 못한 사이가 됩니다.

가까운 사이일수록 예의를 지키는 일이 중요하다는 사실을 우리는 이미 잘 알고 있습니다. 예의를 지킨다는 건 대단한 배려나 엄청난 희생을 요구하는 것이 아닙니다. 실수를 했다면 잘못을 인정하고 미안하다고 사과하는 것, 의미 없는 변명을 구태여 늘어놓지 않는 것, 상대방에게 상처가 될 언행을 하지 않는 것, 약속의 중요성을 이해하고 잘 이행하는 것을 말합니다. '예의 있는 관계'는 이렇게 당연한 것을 당연하게 잘 지켜내는 관계를 말합니다.

누군가를 신뢰할 수 있다는 건, 의미 그대로 등 뒤(이면)를 맡길 수 있을 만큼 믿고 있다는 뜻입니다. 기대가 실망이 되는 순간이 반복되면, 체념은 손쉬워집니다. 상대를 포기하다가 결국 내 인생에서 그 사람을 지우게 돼요. 사람을 잃는 건 큰 사건이 계기가 되기도 하지만 생각보다 사소한 지점에서부터 시작되는 경우가 더 많습니다.

극작가 윌리엄 셰익스피어는 《리어왕》에 이런 문장을 남겼습니다.

"있다고 다 보여주지 말고, 안다고 다 말하지 말고, 가졌다고 다 빌려주지 말고, 들었다고 다 믿지 마라."

조금 아픈 말이지만, 친밀해질 필요가 없는 관계도 있습니다. 비즈니스 관계 그 이상, 그 이하도 아닌 사이도 있는 것이니까요. 맺을 때가 있는 것처럼, 끊음이 필요한 순간도 있습니다. 상황에 따라 단호함을 보여야 할 때도 있고요.

관계로 인한 어려움을 겪고 있다면, 이 사실을 꼭 기억하세

요. 당신 가까이에 있는 사람이 당신에게 따스한 시선을 보냈다면 당신도 비슷한 온기를 지닐 것. 친한 사이에도 넘지 말아야 할 선이 존재하고 있으니, 그 경계를 침범하지 않도록 신경 쓸 것. 중요하지도 않은 관계를 유지하기 위해 자신과 주변을 파괴하는 실수를 범하지 말 것.

언제까지나 변함없이 주어질 듯한 배려와 관심, 이해와 사랑에도 밑바닥이 존재합니다. 마음의 바닥이 드러나는 순간, 관계를 위태롭게 이어주던 끈이 일순 끊어집니다. 친밀함을 유지하기 위해선 그만큼의 노력이 더 필요합니다.

섬세한 관계를 맺고 싶다면 명심할 8가지

☑ 가까운 사람에게 받은 상처는 훨씬 더 아프고 오래가는 법이다.

☑ 당신이 누군가의 배려와 인내를 경험했다면 사랑의 다른 형태를 마주한 것이다. 참아준다는 건 그만큼 당신을 잃고 싶지 않다는 뜻이기 때문이다.

☑ 친밀함이 팀워크를 의미하진 않는다. 발맞춰 함께 걷기 위해서는 친밀함을 무너뜨리지 않으려는 상호 간의 노력이 필요하다.

☑ 가까운 사이일수록 예의를 지켜야 한다.

☑ 대부분의 관계는 큰 사건이 아닌, 사소한 갈등으로 인해 한순간에 허무하게 무너진다.

☑ "있다고 다 보여주지 말고, 안다고 다 말하지 말고, 가졌다고 다 빌려주지 말고, 들었다고 다 믿지 마라."

☑ 관계가 어려울 때 기억할 3가지.

· 당신 가까이에 있는 사람이 당신에게 따스한 시선을
보냈다면 당신도 비슷한 온기를 지닐 것.

· 친한 사이에도 넘지 말아야 할 선이라는 게 있으니,
그 경계를 침범하지 않도록 신경 쓸 것.

· 중요하지도 않은 관계를 유지하기 위해 자신과 주변
을 파괴하는 실수를 범하지 말 것.

☑ 가까울수록 상대에게 더 친절해야 한다. 더 배려하고
노력해야 한다. 관계를 유지하는 것이 형성하는 것보다
어렵다.

당신을 이유 없이 싫어하는 사람도 있다

당신은 분명 관계를 섬세하게 다루고 싶어 지속적으로 관심과 노력, 에너지를 소모하고 있을 것입니다. 최선을 다해 주변 사람을 대하다 보면 문득 깨닫게 되는 것이 있어요. '관계'는 내가 의도한 대로, 원하는 대로, 입맛에 맞게 운영할 수 있는 성질이 아니라는 사실입니다. 극단적으로는 당신이 최대한의 호의를 베푼 사람마저도 당신을 싫어할 수 있습니다. 그 반대의 상황도 올 수 있죠. 심지어 별다른 이유 없이 적대적 관계가 형성되는 경우도 있어요. 머리로 이해가 안 되는 상황들을 여러 차례 겪게 되면, 관계 맺기에 트라우마가 생기기까지 합니다.

사람에게 상처받은 적이 있나요? 사람이 주는 상처는 짙은 흉터를 남깁니다. 장기간 나를 괴롭힐 수 있는 감정 문제이기 때문에 더욱 면밀히 살펴봐야 합니다. 이 상처는 관계의 단절 속에서 오기도 하지만, 균열이 발생한 관계를 애써 괜찮은 척 유지하려다 발생하기도 합니다. 나에게 악영향을 끼치는 관계에 매달리다 보면, 기존의 관계를 지킬 수도 없거니와 더불어 새로운 관계를 형성하기도 힘들어집니다.

망가진 관계. 어떨 땐 원인과 결과가 분명하지만, 어떨 땐 도저히 왜 이렇게 된 것인지 이유를 알 수 없기도 합니다. 친밀한 사이에서도 '이유를 알 수 없는 미움과 시기, 질투, 오해'가 존재할 수 있음을 받아들여야 합니다. 명확한 이유를 모르겠다고 해서, 깨진 관계의 원인을 자신에게서 찾으려 할 필요는 없습니다.

언젠가 아이유가 〈텐아시아〉와의 인터뷰에서 이런 이야기를 한 적이 있습니다.

질문자 사람들에게 다양한 모습으로 비치게 되는데, 인기도 얻지만 의도치 않은 논란도 생기는 것 같아요. 전혀 얘기도 안 해본 사람들이 자신에 대해 다 다르게 받아들이고 얘기하는 건 어때요?

아이유 그대로 계속 두기로 했어요. 저에 대해 좋게 말하는 사람도, 나쁘게 말하는 사람도 그냥 다 이해가 돼요. 그게 다 제 모습이라고 생각하면 이해가 되더라고요. 원래 성격이 좀 덤덤한 편이라 사람들의 얘기에 크게 상처받지 않는 편이에요.

질문자 일종의 '거리 두기'인가요?

아이유 네. 저한테 와서 대놓고 욕을 하셔도 상처받지 않아요. 제가 좋아하는 사람한테서 "너 실망했어"라는 얘길 들었을 때 상처받지, 제가 별로 관심 없는 사람한테는 진짜 신경을 안 쓰거든요. 악플을 보고도 아무렇지도 않은 건 아마 그런 이유 때문일 거예요. 저를 싫어하는 사람까지 절 좋아하게 만들 만큼 전 대인배가 아니거든요. 절 싫어하는 사람은 저도 안 좋아하면 그만이니까.

모든 사람에게 사랑받을 수 있으면 당연히 좋겠지만, 그건 불가능합니다. 엄청난 매력을 지닌 사람에게도 '나를 싫어하는 사람'은 반드시 존재하니까요. 10명의 사람이 모이면 그 중에 2명은 당신을 좋아하고, 6명은 당신에게 아무런 관심이 없고, 2명은 당신을 싫어할 것이라는 '2:6:2 법칙'이 '인간관계의 법칙'이 아닌 '자연의 법칙'으로 소개되는 것도 그런 흐름입니다. 자연의 법칙은 누구도 쉽게 통제할 수 없습니다.

타인과의 관계 설정에 서툴렀던 시기에는 '나를 바라보는 타인의 시선'에 휘둘렸습니다. 오해가 생기면 풀고 싶어 안달이 났고, 조금이라도 호감을 사고 싶어 무던히 애를 썼습니다. 어울리지 않는 옷을 입고 싫어하는 장소에 가서 신난 척을 하는 것과 같았죠. 하지만 시간이 지날수록, 다양한 사람을 만나 여러 관계를 구축하면서 관계는 통제의 영역이 아니라는 사실을 인정할 수밖에 없었습니다.

싫어진 사람을 다시 좋아하게 되는 건 어려운 일입니다. 어쩌면 불가능에 가까울지도 모르겠어요. 머릿속으로 당신이 싫어하는 상대를 떠올려 보세요. 그 사람과 친해지는 건, 역시 상상이 잘 안 될 겁니다. 그러니 당신을 싫어하는 사람이 당신을 좋아하게 만들기 위한 부자연스러운 노력을 멈추세요. 아무리 당신이 최선을 다해서 흠 잡히지 않기 위해 행동해도, 기어코 싫어할 이유를 찾아내는 게 바로 '당신을 싫어하는 사람'입니다.

몇 년 전 유행했던 미국 커뮤니티 사이트의 밈Meme 중에 "누군가 당신을 이유 없이 싫어한다면 그 이유를 하나 만들어 줘라(If someone hates you for no reason, give that reason)"라는 격언이 유행했던 것도 비슷한 맥락입니다. 그럴 때일수록 우리가 해야 할 일은 '당신을 좋아하게 만들기'가 아니라, '당신의 매력을 극대화하기'입니다. 떠날 사람은 어차피 떠날 것이고, 당신을 애정할 사람은 당신이 무슨 짓을 하더라도 곁을 지킬 것입니다. 당신을 소중히 여기는 사람들과 관계의 밀도를 높이세요.

당신과 함께 좋은 그림을 그릴 수 있는 사람에게 붓을 쥐여주세요. 그림을 망칠 사람에게 좋은 도구를 줘봤자 멋진 작품이 나올 수 없습니다. 그런 사람에게 소모하게 될 노력과 관심, 에너지와 감정은 아까우니까요. 당신을 싫어하는 사람까지 당신을 좋아하게 만들 정도로 여분의 에너지가 넘친다면 상관없겠지만, 아마 이 사회를 살아가면서 그렇게까지 에너지가 넉넉한 사람은 별로 없을 겁니다.

당신을 싫어하는 사람을 좋아하려고 애쓰지 마세요. 그런 사람들은 당신이 무엇을 하든 바뀌지 않을 것입니다. 당신이 당신으로 온전히 존재할 수 있는 방향으로 인생을 이끄세요. 당신을 싫어하는 사람에게 감정과 에너지를 낭비하지 말고, 당신의 매력을 키우고 발산하는 데 사용하세요.

인간관계에서 상처받은 당신이 기억할 9가지

☑ '관계'는 당신이 의도한 대로, 원하는 대로, 입맛에 맞게 운영할 수 없다. 예측 불가능한 범주다.

☑ 상처받은 마음으로는 기존의 관계를 지키는 일도, 새로운 관계를 받아들이는 것도 불가능하다. 끝난 관계는 미련 없이 보내줘라.

☑ 깨진 관계의 원인을 자신에게서 찾으려고만 하면 마음이 금방 망가진다.

☑ 모든 사람에게 사랑받을 수 있으면 좋겠지만, 사실상 불가능하다. 수많은 사랑을 받는 사람도 누군가의 미움을 감내하고 있다.

☑ 당신을 싫어하는 사람으로 하여금 당신을 좋아하게 만들기 위해 하는 부자연스러운 노력을 멈추도록 하라. 싫어할 사람은 무슨 수를 써서라도 당신을 싫어한다.

☑ 당신의 곁에서 애정의 시선을 보내는 사람들은 당신이 애쓰지 않아도 그 자리를 지킬 것이다.

☑ 당신과 함께 좋은 그림을 그릴 수 있는 사람에게 붓을 건네라. 아무리 좋은 도구라도 그림을 망칠 사람은 망친다.

☑ 당신을 싫어하는 사람을 좋아하려고 애쓸 필요 없다.

☑ 당신이 당신으로 온전히 존재할 수 있는 방향으로 인생을 이끌도록 하라. 그래야 더 나은 관계를 만들 수 있다.

사과가 습관이 되지 않도록 경계할 것

자존감을 하락시키고, 인간관계에도 부정적인 영향을 끼치는 버릇이 있습니다. 바로 '습관적인 사과'입니다. 실수를 하거나 명백히 잘못한 상황에서의 적절한 사과와 반성은 필수적입니다. 그러나 사과가 습관이 된다면 이야기가 달라집니다. 당신에게도, 당신 주변에도 좋지 않게 작용합니다. 이를 방지하기 위해서 '정말 사과를 해야 할 상황이 맞는지' 제대로 파악하는 능력이 필요합니다.

잘못하지 않았음에도 사과한다면, 당신이 잘못했다고 인정하는 꼴입니다. 상대를 배려해 사과했다고 생각할 수도 있겠지만, 어리석은 오해입니다. 무분별한 사과는 자존감을 낮추고, 동시에 상대방이 '사과받는 일'에 익숙해지도록 만들기 때문에 특히 주의를 기울여야 합니다. 더군다나 '죄송하다', '미안하다' 같은 말은 상황을 빠르게 수습하는 기능이 있어서 감정은 해결되지 않았는데, 상황만 종결시켜 버리는 상황을 초래하기도 합니다. 이 경우, '마음'과 '상황'에 시차가 발생하게 됩니다. 상대방은 괜찮아졌는데 내 마음에는 점점 앙금이 쌓여 스트레스를 가중시키기도 하고요. 그러다 보면 때로는 '뒤끝 있는 사람'으로 낙인찍혀 타인에게 소비되기도 합니다. 습관이 된 사과, 반복적인 사과는 당신을 자신감 없는 사람, 수동적인 사람으로 인식하게 만들 수도 있음을 명심하세요.

그렇다면 적절한 사과의 순간은 언제일까요? 사과를 해야 할 상황이 맞는지 파악할 수 있는 몇 가지 체크리스트가 있습니다.

첫째. 당신이 정말 '미안함'을 느끼고 있는지 들여다봐야 합니다. 사과를 해야 할 것 같은 분위기 때문에 얼떨결에 하게 되는 경우도 생각보다 많습니다. 사과할 상황이 아닌데 먼저 사과를 하는 것은 오히려 예의 없는 행동일 수 있습니다. 사과는 미안한 마음이 생겼을 때, 그 결과에 책임을 질 수 있을 때 진심을 담아서 해야 합니다.

둘째. 당신의 잘못이 맞는지, 그 책임을 당신이 지는 게 맞는지 확인해야 합니다. 당신과 무관한 영역에서, 당신의 잘못이 없는데 당신이 '대신' 사과할 권리는 없습니다. 혹여나 당신의 잘못이 있다고 해도 조직의 의사가 담긴 결정을 대행한 것이라면, 그 결과를 오롯이 책임져야 할 사람은 당신이 아니라 조직을 대표하는 책임자입니다. 책임 있는 사과와 진정한 반성은 후속 조치와 변화된 행동으로 이어져야 합니다. 사과는 과거를 바꿀 수 있는 힘이 없기 때문이죠. 이러한 의사 결정을 할 수 있는 사람, 사태를 대표할 수 있는 사람의 책임감 있는 목소리가 요구되는 것도 그런 이유입니다. 진심 어린 사과는 당신의 책임 범위에 있을 때만 효용성이 있습니다.

셋째. 양해를 구하는 것으로 충분할 상황에서 사과를 남용하고 있는 건 아닌지 질문해 봐야 합니다. 정중한 태도는 품격이 있지만, 겸손을 표방한 과도한 사과는 오히려 상대방을 불편하게 만듭니다. '양해를 구한다', '실례한다' 정도의 커뮤니케이션으로도 충분히 의사를 전달할 수 있습니다. 습관적 사과는 주변 사람들에게 영혼이 없는 겉치레로 전달될 수밖에 없습니다.

넷째. 당신의 진심을 전하는 데 사과를 이용하고 있지 않은지 살펴봐야 합니다. 당신의 생각과 가치관, 의도와 신념을 전달하는 데 미안해할 필요 없습니다. 당신이 옳다고 생각하는 것을 상대방에게 전달하는 일에 불필요한 감정을 묻히지 않아야 합니다. '저는 이렇게 생각합니다'라는 문장 앞에 '죄송합니다만'이 붙는다고 의사 전달이 더 명확해지지는 않으니, 스스로 결정한 사항을 담백하게 전달하는 방향으로 문장을 정돈하면 좋겠습니다.

다섯째. 상황을 덮어두거나 회피하기 위해 일단 사과부터 하고 있진 않은지 고민해 봐야 합니다. 피해자의 마음과 피해 상황을 충분히 고려하지 않은 '엉터리 사과문'으로 피해자들로부터 더 큰 분노를 유발하는 부정적인 상황을 우리는 너무나 많이 봐왔습니다. 도망치듯 혹은 순간을 모면하기 위한 어설픈 사과는 상황을 악화시킵니다. 사과도 결국 사람의 마음에 닿는 일입니다. 무게감이 없는 문장은 상황을 진정시킬 수 없습니다. '죄송하다'라는 말만 들어가면 사과가 완성되는 줄 아는 이들이 생각보다 많은 것 같기도 합니다. 피해자는 미안하다는 '말'이 아니라, 사태에 대한 책임감 있는 태도와 개선을 향한 의지, 그 과정을 통해 느껴지는 미안한 '감정'을 통해 용서를 결심합니다. 균열이 일어난 관계에 대충 던져진 사과는 당장의 붕괴는 막을 수 있겠지만, 무너질 게 뻔한 결말까지 바꿀 수는 없습니다. 진심 어린 사과는 당장 불편한 상황에서 회피하려는 의도가 아니라, 시간을 들여서라도 상대방과의 진정한 연결 지점을 만들어 내는 노력이 들어 있습니다.

사과도 당신의 마음이 허락해야 할 수 있습니다. 마음에서 우리날 때 더 잘할 수 있어요. 되도록 사과하지 말라는 게 아니라, 정말 필요한지 고민해서, 어떻게 제대로 할 수 있는지 고려해 적절히 건네라는 의미입니다.

사과에 진심을 담을 수 있게 되면, 진정성과 진실성을 인정받는 '진짜 사과'가 태어납니다. '표면적인 사과'와 다르게 '진짜 사과'는 상황을 수습하고, 깨진 관계를 이어붙이고 심지어 어려운 시련을 이겨낼 수 있도록 도와주기까지 합니다.

인간의 삶을 구성하는 가장 큰 요소 중의 하나가 바로 '습관'입니다. 습관을 만드는 것도 어려운 일이지만, 나쁜 습관을 고치거나 없애려면 더 많은 에너지가 소모됩니다. 때로는 나쁜 습관을 극복하려다 실패해 포기하고 살아가는 경우도 많습니다. 그 정도로 끈질기고 쉽게 버릴 수 없는 것이 바로 습관입니다. 수많은 자기 계발 서적에서 '습관의 중요성'을 어필하는 이유입니다. 우리가 항상 성공하는 사람들의 습관을 궁금해하는 것도 유관한 흐름입니다.

습관적 사과를 경계하세요. 이런 나쁜 습관은 타인과의 관계를 깊은 단계로 발전하지 못하게 방해하고, 자신의 마음에 2차, 3차 상처를 줄 수 있습니다. 진정한 사과는 갈등을 봉합하고 다친 마음을 치유하는 힘을 지니고 있습니다.

사과가 습관이 된 당신이 기억할 6가지

☑ 습관적인 사과는 본인을 무조건 가해자로 만들기에 자존감을 낮추고, 타인과의 관계에도 안 좋은 영향을 끼친다.

☑ 사과는 감정적 해결 없이 상황만 종료시켜 버리는 상황을 초래한다. 상대방은 괜찮아졌는데 나만 안 괜찮아서 뒤끝 있는 사람으로 남게 된다.

☑ 사과가 필요한 상황이 맞는지 제대로 파악할 수 있어야 한다.

☑ 마음에서 우러나와야 사과도 잘할 수 있다.

☑ 사과가 버릇이 되는 것을 경계해야 한다. 나쁜 버릇은 일상이 되어 부정적인 영향을 끼친다.

☑ 진정한 사과는 상황을 모면하려는 일시적 의도가 아니라, 갈등을 봉합하고 다친 마음을 치유하는 힘을 지니고 있다.

관계의 중심에서 존재를 외치다

사람들과 얼굴을 붉히며 싸우거나 화를 내지 않게 되었습니다. 감정을 소모하는 갈등 자체가 피로하게 느껴져 그저 실망한 마음을 내버려 두게 된 것이죠. 이렇게 사람들과의 충돌을 피하고 관계를 포기해 버리는 일이 반복되다 보면, 일상의 활력을 잃고 협업을 통해 좋은 결과물을 만드는 능력을 잃어버리는 부작용이 따라오게 됩니다. 타인과의 거리 설정에 대한 고민이 깊어지고, 그 가운데에서 자신이 어떤 존재로 자리 잡을지 생각이 많아지는 요즘입니다.

타인과의 교류는 중요한 사회적 활동이기에, 사회생활을 통해 만들어지는 시너지Synergy를 무시할 수 없습니다. '나'와 다른 '너'를 통해 고집과 양보를 동시에 경험하고, 사회적인 태도를 학습합니다. 물론, 쉽지 않습니다.

관계의 바깥에 있을 때 우리는 참 명확합니다. 자신이 원하는 것을 하고, 싫어하는 것을 배척하며, 취향에서 자유로워질 수 있죠. 그러나 관계의 안쪽으로 들어오게 되면, 자신의 고유한 성질을 유지하기 어려워집니다. 제 취향만을 고집하라는 것은 아니지만, 유연하게 대처하되 자신을 잃지 않아야 합니다. 이 균형이 무너지면 어느 순간부터 자신이 무엇을 원하는지 헷갈리다가, 마침내 타인이 원하는 바를 자신이 원했던 것처럼 착각하는 단계에 이르게 됩니다.

최근 가스라이팅Gaslighting이라는 단어가 사람들의 입에 자주 오르내리게 된 것도 균형을 잃는 경험을 한 사람들이 그만큼 많아졌다는 의미이기도 합니다. 가스라이팅은 자주적인 생각과 의견을 교묘하게 무너뜨리며, 개인의 판단력을 의심하게 만드는 행위이기 때문에, 가스라이팅을 하는 사람을 특히 조심해야 합니다. 심지어 자신도 모르는 사이에 상대방에게 극도의 의존성을 지니게 만들어 버리니까요.

관계를 맺는다는 것은 온전히 존재하는 자신의 모습으로 타인과 교류한다는 뜻이지, 자신을 잃으면서까지 다른 한쪽으로 흡수되는 것을 의미하지는 않습니다.

채널A 예능 〈오은영의 금쪽 상담소〉에서 오은영 박사가 소개했던 개념 '에코이스트Echoist'가 대중들의 주목을 받기도 했습니다. '에코이스트'는 케임브리지대학교와 하버드대학교 정신과 교수를 지낸 '크레이그 발킨' 박사가 처음으로 소개한 개념입니다.

에코이스트에서 '에코'는 '메아리'라는 뜻입니다. '마이크에 에코를 넣다'라는 말도 같은 맥락에서 만들어진 표현입니다. '그리스·로마 신화' 속에 등장하는 요정 에코는 제우스의 아내 헤라에게 미움을 받아 "지금부터 너는 남의 말을 따라 하는 것만 할 수 있을 것이다"라는 저주를 받습니다. 이로 인해 에코는 자신이 하고 싶은 말을 먼저 꺼내지 못하게 되었습니다. 가혹한 저주를 받은 상황에서 그는 짝사랑에 빠지게 되는데, 그 대상이 바로 '나르키소스'입니다. 우리가 '자기애가 너무 강한 사람', '자기애성 성격 장애를 가진 사람', '나르시시즘에 빠진 사람'을 말할 때 '나르시시스트Narcissist'라고 지칭하기도 하는데, 이것이 나르키소스에서 파생된 개념입니다. 쉽게 설명하면 '에코이스트'는 '나르시시스트'에 반대되는 개념이라고 할 수 있습니다. 현재 MZ 세대 사이에서 급증하고 있기도 합니다.

오은영 박사가 소개한 '에코이스트'의 특징을 체크리스트로 정리해 보면 다음과 같습니다.

에코이스트 체크리스트

☐ 주목받는 것을 싫어한다.

☐ 문제가 발생하면 자기 탓부터 한다.

☐ 자기 자신에게만 유독 엄격하다.

☐ 타인에게 폐 끼치는 것을 싫어한다.

☐ 다른 사람과의 갈등, 경쟁을 회피한다.

☐ 확신이 없는 언어 표현을 주로 사용한다.

☐ 타인과의 경계선이 모호하다.

☐ 의사 결정하는 일을 두려워한다.

병을 진단하거나 질환을 확인하는 용도의 체크리스트는 아닙니다. 그래도 본인이 몇 가지나 해당되는지 살펴보며 자신을 돌아보는 시간을 가질 수 있겠습니다. '나르시시스트'가 모든 현상을 자기중심적으로 사고하고 행동하는 반면, '에코이스트'는 다른 사람과의 소통을 포기하거나 방어적으로 행동합니다. 자신을 지키는 방법으로 '회피'를 사용하기 때문에 소극적인 태도를 견지하는 겁니다. 상처받고 싶지 않은 마음은 이상한 게 아니지만, 너무 쉽게 포기해 버리거나 타인과의 관계 속에서 자신을 지우는 일에 익숙해진다는 건 서글픈 일입니다. 그러니 누구나 꼭 한 번은 나를 돌아볼 필요가 있는 주제입니다.

누군가와 대화하기를 포기한다는 건 참 슬픈 일입니다. 갈수록 무기력해진다는 건 안타까운 일이고, 의욕이 없어진다는 건 걱정스러운 일입니다. 삶의 목적을 스스로 설정하지 못한다는 건 비참한 일이에요. 저는 처음부터 무력감에 빠져 손을 놓는 사람은 없다고 생각합니다. 분명 어느 순간, 인생의 어느 단계에서 크고 작은 좌절과 상처를 겪고 그것이 누적되어 지쳐버린 것이라고 생각해요. 그렇기에 회복이 필요합니다. 희미해진 존재감을 일으켜 세우고 자신만의 의지를 되찾아야 합니다.

〈마리끌레르〉, 〈보그〉 에디터 출신 김지수 작가의 책 《자존가들》(어떤책, 2021)에는 댄서 리아킴의 인터뷰 내용이 담겨 있습니다. 리아킴은 이 인터뷰에서 담담한 문체로 자신의 생각을 전했습니다.

"자기만의 막춤을 추세요. 세상에 '박치'는 없어요. 자기만의 리듬이 있을 뿐이죠."

정답을 강요할 권리도 없고, 정답을 요구당할 이유도 없습니다. 사람들의 생각은 모두 다르고, 당신도 자신만의 의견과 사고를 가지고 있습니다. 생각 차이로 인해 갈등이 생길 수는 있지만, 더 좋은 방향으로 나아가기 위한 대화는 불행하고 불필요한 과정이 아닙니다. 오히려 하나의 목표를 향해 다양한 의견이 충돌한다면, 가장 좋은 방법과 동시에 플랜 비까지 마련할 수 있으니 건강한 현상이라고 볼 수 있겠습니다. 그러니 당신의 의견이 거절당하는 것을 두려워하지 마세요. 무조건적인 수용도 하지 마시고요. 당신의 생각을 세상에 꺼내놓기도 전에 스스로 삭제하지 마세요. 적절한 거절과 경계선이 있어야 제대로 된 허용도 할 수 있습니다.

한국 사회에서 '다른 사람과 다르다'라는 건 두려움을 불러일으킵니다. 여전히 우리 사회가 다름을 틀림으로 인식하려는 성향이 있기 때문이죠. 대부분이 어려서부터 그렇게 자라왔고 너무 튀는 사람을 불편하게 여기는 시선이 지금까지도 잔존해 있습니다. 하지만 그것이 개성을 죽여야 한다거나 자신의 색을 드러내지 않아야 할 이유가 되지는 않습니다. 생각해 보면 언제나 '다른 사람과 충돌하는 지점'에서 좋은 무언가가 만들어졌습니다. 그 과정에서 거절과 질문은 필수적으로 발생했고, 좋은 방향으로 나아가기 위한, 불이 잘 붙는 마른 땔감이 됩니다.

관계의 중심에서 존재를 외치는 일은 앞으로도 계속되어야 합니다. 부디 자신의 인생에서 스스로의 존재감을 지우지 않기를 바랍니다.

휘둘리는 당신이 기억할 8가지

☑ 갈등을 피하고 관계를 포기하다 보면, 일상의 활력을 잃어버린다. 관계를 맺고 타인과 접촉하며 인간은 성장한다.

☑ 다른 사람에게 과도하게 휘둘리며 휘청대는 사람들이 생각보다 많다.

☑ 어느 순간부터 자신이 무엇을 원하는지를 망각하고 타인이 원하는 것을 자신의 욕망이라고 착각하기도 한다. 현시대에 가스라이팅이 화제가 된 이유도 그만큼 개인의 판단력을 의심하게 되는 사례가 늘어났기 때문이다. 가스라이팅을 하는 사람과는 거리를 두는 게 좋다.

☑ 관계를 맺는다는 것은 자신의 모습으로 타인과 교류한다는 뜻이지, 자신을 잃어버리면서까지 다른 한쪽으로 흡수됨을 의미하지 않는다.

☑ 타인과의 관계 맺기를 회피하는 사람들이 처음부터 숨거나 피하지는 않았다. 크고 작은 좌절의 경험들이 쌓

여 지친 것뿐이다. 따라서 희미해진 본인의 존재감을 선명하게 만드는 작업이 필요하다.

☑ 생각의 차이로 인해 갈등이 생길 수 있지만, 더 좋은 방향으로 나아가기 위한 대화는 불행한 것이 아니다.

☑ 의견이 거절당하는 것을 두려워하지 말도록 하라. 무조건적인 수용도 경계하라.

☑ 관계의 중심에서 존재를 외치는 일은 앞으로도 계속되어야 한다.

가만한 시간이 필요하다

하루에도 수많은 생각이 우리를 스쳐 지나갑니다. 많은 것을 기억하고, 필요한 것을 내재화하고, 흘려보내야 할 것들을 의연하게 떠나보낼 수 있으면 참 좋겠습니다. 그러나 이 또한 마음대로 되지 않습니다. 확실한 것은 무엇을 배우든, 어떤 정보를 획득하든, 무슨 기술을 습득하든 그것을 소화하고 온전히 내 것으로 만들기 위해서는 충분한 시간이 필요하다는 겁니다.

이는 인간관계에도 동일하게 적용됩니다. 생각을 차분히 정리하는 시간을 가지지 못한 채 끝없이 부딪히는 게 능사는 아닙니다. 감정적인 상태에서는 충동적으로 의사 결정을 하게 되고, 본래 목적과 무관한 방향으로 흘러가게 될 가능성이 큽니다. 격양되어 있으니 이성적으로 사고하기도 힘듭니다. 상대방의 언어를 혼자 오해하고 혼자 감정의 골이 깊어질 수도 있습니다. 상황을 객관적으로 바라보기 위해서, 가만한 시간은 필수입니다. 밀도 높은 대화를 이어나가기 위해서는 침묵이 필요하다는 뜻입니다. 새로운 것을 수용하고 쌓으려면 활동보다 멈춤이 더 중요한 법입니다.

멈춤 훈련이 잘된 사람들은 대화를 이어나가는 과정에서도 다른 한쪽으로는 생각을 정리하고, 구조화할 줄 압니다. 하지만 대부분은 주고받는 내용과 주어지는 자극에만 충실해서 정작 중요한 것들을 놓칩니다.

상대방의 의견을 제대로 이해하지 못하거나 맥락을 파악하지 못하면 제대로 된 대화를 이어나갈 수 없습니다. 소통이 되지 않고 어긋나고 있는 거죠. 긴밀하게 연결되지 않은 대화는 영양가도 없고 소음만 발생시킵니다. 영양가 Zero에 소음 Full, 즉 소모적인 관계라고 정의할 수 있겠네요. 소모적인 관계는 서로에게 긍정적인 영향을 끼치며 나아갈 수 없고, 마무리도 좋지 못할 수밖에 없습니다. 대화가 시너지를 내기보다 피곤함만을 자아낸다면, 굳이 시간을 내서 만남을 가질 필요가 없지 않을까요?

저는 상대방의 말을 들으면서 의도를 파악하거나 생각을 정리하고 구조화하는 일에 둔감한 편이어서, 필사적으로 두 가지 습관을 들여야 했습니다.

첫째. 이해하지 못했다면 아는 척 넘어가지 않습니다. 그 자리에서 정중하게 다시 한번 설명을 요청합니다.

둘째. 메모와 기록, 내용 정리를 습관화해 중요한 내용을 잊거나 누락하지 않도록 복기합니다. 그리고 지나간 대화를 떠올리며 오고 간 내용이 이해되도록 침묵하는 시간을 가지곤 합니다. 맛있는 밥을 짓는 데 필요한 '뜸 들이기' 과정과 유사합니다. 밥을 지을 때 솥 안의 열기가 쌀알 하나하나에 스미게 하려면 뜸을 들여야겠죠. 스테이크에 비유하자면, 고기의 육즙을 가두기 위해 일정 시간 레스팅Resting을 하는 것처럼 상대방의 말을 온전히 이해하고 명확한 의도를 파악하기 위해 멈춤의 시간이 필요합니다. '생각하기 위한 침묵의 시간'을 의도적으로 부여하는 것이죠.

사람들은 침묵을 두려워합니다. 침묵을 견디지 못하는 사람들도 꽤 많아요. 심지어 침묵을 '실패한 대화의 증거'로 여기기까지 하는 사람들도 있습니다.

언젠가 결혼한 누나가 이런 말을 한 적이 있어요.

"다양한 매력을 지닌 사람이 많지만, 정서적으로 안정된 사람이 최고야. 이왕이면 유머 코드, 귀여움 포인트, 빡침을 느끼는 지점이 같은 사람이면 더 좋고."

저는 여기에 '침묵 코드'를 하나 더 추가하겠습니다. 요즘엔 침묵을 대하는 태도가 특히 중요해요. 함께 있을 때 즐겁고 말이 잘 통하는 관계도 좋지만, 침묵의 순간에 발생하는 여백이 부담스럽지 않아야 나에게 정말 잘 어울리는 사람이 아닐까요? 이것은 비단 부부나 연인 간의 관계에만 적용되는 것은 아닙니다. 여러분에게 '침묵이 부담스럽지 않은 관계'가 얼마나 있는지 떠올려 보세요.

모든 관계는 듣기에서부터 시작합니다. 처음부터 끝까지 '듣는 과정'이 전부라고 해도 과언이 아닐 정도로요. 듣는 일에서 관계가 시작되지 않으면, 서로의 생각과 말하고자 하는 바를 제대로 전달할 수 없습니다.

듣는 사람은 없고 말하는 사람만 있으면, 대화라고 할 수 없겠죠. 방향을 잃은 대화는 서로를 지치게 합니다. 놀라운 사실은 우리가 겪는 대화들 중 '방향을 잃은 대화', '답답함을 느끼는 대화'가 생각보다 훨씬 더 많다는 겁니다. 이는 대화의 본질이 '말하기'라고 오해하는 사람이 많음을 의미하기도 하겠죠.

대화는 말하기만으로 구성되는 게 아닙니다. 잘 말하는 것 이상으로 잘 듣는 게 중요하고, 잘 듣는 것 이상으로 관찰하기와 침묵하기도 중요합니다.

우리는 어려서부터 말하기와 듣기, 쓰기가 중요하다는 이야기를 지겨울 만큼 들어왔습니다. 그런데 이 중에서 듣기는 쏙 빼고 말하기와 쓰기에만 많이들 집중합니다. 유창한 말솜씨와 유려한 글솜씨를 더 우월하게 여기는 것이죠. 아마 이 두 가지가 눈에 보이는 결과물이 있다고 생각돼서일 겁니다. 하지만 한 가지를 망각하고 있어요. '듣기' 없이는 말하기와 쓰기도 높은 수준으로 나아갈 수 없다는 거죠.

경청하기의 버릇은 체득하기 어려운 습관입니다. 다른 사람의 말을 무례하게 끊거나 본인 할 말만 쏟아내는 사람들이 실제로 참 많으니까요. 처음에는 자신이 그러고 있다는 사실도 인지하지 못할 겁니다. 하지만 나이를 먹고, 경험이 쌓이고, 아는 게 많아질수록 자연스레 알게 되죠. 나는 들을 줄 모르는 사람이구나. 듣는 일에 소홀해져 의도치 않게 무례한 사람이 되었구나. 그러지 않기 위해서 잘 듣기, 관찰하기, 이해를 위해 침묵하기를 꾸준히 연습해야 합니다. 이것들이 바로 높은 수준의 소통 기술입니다.

듣는 게 뭐가 어렵냐고 생각할 수도 있습니다만, 어렵습니다. 잘 듣고 적절한 리액션을 통해 교감하는 것이니까요.

어느 뛰어난 연사의 강연 종반부에는 질의응답 시간이 반드시 존재합니다. 청중의 돌발 질문에도 그들이 흔들리지 않는 이유는 모든 질문에 대한 답을 가지고 있어서라기보단, 질문을 끝까지 듣고 이해가 안 된다면 다시 한번 설명을 요청하고, 듣기의 과정 중에도 머릿속으로 자신의 의견을 조합해 생산하는 일에 능숙하기 때문입니다. 종종 이런 분들의 인사이트가 담긴 답변은 바이블이 되어 커다란 울림을 주기도 합니다. 미리 준비된 대본이 아님에도 말이죠.

대화는 단순히 시간을 때우기 위해 존재하지 않습니다. 오고 가는 정보의 흐름 속에서 주목할 만한 가치를 찾아내는 작업에 가깝습니다. 당신의 대화는 어떤 이미지를 지니고 있을까요? 끊임없이 말하고 있나요, 아니면 듣고 관찰하고 있나요? 물론 이 두 가지가 적절히 섞여야 좋은 대화가 완성됩니다.

말실수가 잦은 당신이 명심할 7가지

☑ 생각을 정리하지 않고 대화에 몰두하면 본래 목적을 벗어난 방향으로 흘러가게 된다.

☑ 밀도 높은 대화를 이어나가기 위해 아이러니하게도 침묵하는 시간이 필요하다.

☑ 대화 중에 이해하지 못한 부분이 있다면 아는 척하지 말고 다시 물어보고, 메모가 습관이 되어 있으면 좋다.

☑ 모든 관계는 '듣기'에서부터 시작된다.

☑ 잘 말하는 것 이상으로 잘 듣는 게 중요하고, 잘 듣는 것 이상으로 관찰하기와 침묵하기가 중요하다.

☑ 경청하기는 꾸준한 연습 없이는 체득이 힘들다.

☑ 경청, 관찰, 침묵은 높은 수준의 소통 방법이다.

사람이 걸러지는 계기가 있다

사람이 걸러지는 계기가 있습니다. 원하지 않아도 그 순간은 반드시 찾아오게 됩니다. 결혼식이나 장례식 같은 경조사가 기점이 되기도 하고, 여느 날처럼 메신저로 대화하다가 어긋나게 되기도 합니다.

인간관계를 이야기할 때 자주 언급되는 드라마 속 명대사가 있습니다. SBS 드라마 〈별에서 온 그대〉에서 천송이(전지현 역)가 눈시울을 붉히며 쏟아냈던 말입니다.

"내가 이번에 바닥을 치면서 기분 참 더러울 때가 많았는데 한 가지 좋은 점이 있다. 사람이 딱 걸러져. 진짜 내 편과

내 편을 가장한 적. 인생에 가끔씩 큰 시련이 오는 거, 한 번씩 진짜와 가짜를 걸러내라는 신이 주신 큰 기회가 아닌가 싶다."

적보다는 편이 많은 게 당연히 좋지만, 내 편이 누구인지 알아내기는 어렵습니다. '내 편'이 단순히 자주 만나거나 가까운 거리에 있는 사람을 뜻하지는 않습니다. 내 곁에 있는 사람과 내 편인 사람 사이에는 상당한 차이가 있어요. 매일 보는 직장 동료에게 친밀한 감정을 건네기보다는 약간의 거리를 두는 것처럼요.

내 편이 될 수 있는, 나와 잘 맞는 사람을 처음부터 걸러내는 것은 불가능하기에, 관계에는 크고 작은 기회비용이 발생합니다. 다양한 경험으로 성장하면서 잘 맞았던 사람도 불편해지기도 하고요.

삶을 이루는 대부분은 이론과 경험이 적절히 섞이며 점차 시행착오를 줄여나갑니다. 그러나 인간관계는 다릅니다. 반드시 찍어 먹어봐야 알 수 있는 속성이거든요. 번번이 예측을 벗어나기 때문에 판단하기가 더 난감하고 낯설 수밖에 없습니다. 맺기도 어렵지만, 단숨에 끊기도 어려우니까요.

우리는 타인에게 위로를 받기도 하고 상처를 받기도 합니다. 둘 다를 주는 사람들도 있죠. 다양한 방식으로 상처를 받다 보면, '내 편을 가장한 적'이 누구인지 선명하게 알게 됩니다. '편'이라는 단어에는 한계가 참 많습니다. 누굴 딱 네 편 내 편 나눌 수 있나 싶기도 해요. 하지만 그럼에도 가끔은 저 사람이 정말 내 편이구나, 하는 감각에 위로를 받을 수도 있습니다. 상대의 소중함을 알아차릴 수 있도록 몇 가지 특성을 정리해 보겠습니다.

내 편인 사람이 지니고 있는 특징

· 자신이 만든 프레임에 당신을 억지로 끼워 넣지 않는 사람.

· 당신이 잘됐을 때 진심으로 축하해 주는 사람.

· 당신의 말을 경청할 줄 아는 사람.

· 따뜻한 언어의 습관을 가진 사람.

· 당신이 원치 않는 것이 무엇인지 알고 선을 지키는 아는 사람.

· 같이 있을 때 마음을 편안하게 해주는 사람.

· 침묵이 부담스럽지 않은 사람.

모든 조건을 충분히 만족해야만 '내 편인 사람'으로 분류할 수 있는 건 아니지만, 저런 특징을 한두 개라도 지닌 사람이 머릿속에 떠오른다면, 그 사람이 당신의 옆에서 당신과 마음을 교류하고 있을 것입니다.

천문학자들은 태양과 같은 항성 주위에 생명체가 살 가능성이 높은 지역을 '골디락스 존Goldilocks Zone'이라고 명명했습니다. '골디락스 존'은 태양처럼 핵융합으로 어마어마한 에너지를 발산하는 항성으로부터 너무 가깝지도, 너무 멀지도 않은 적당한 거리의 영역을 말합니다. 당연히 이 영역에 있는 대표적인 행성이 우리가 살고 있는 지구입니다. 천문학자들이 우주를 관측하다가 뜨겁고 밝게 빛나는 항성을 발견하면, 당연히 그다음엔 해당 항성의 '골디락스 존'으로 관심이 옮겨갑니다. 항성과 적당한 거리에서 가장 안정적인 환경을 구축했을 '가능성'이 높은 행성을 찾는 게 그들의 궁극적인 목표이기 때문이죠.

저는 인간관계에도 '골디락스 존'이 존재한다고 생각합니다. '가깝고도 멀다'라는 말만큼 모호한 표현이 없다고 생각한 적도 있었어요. 그러나 어느 순간 깨달았습니다. 딱 그 정도의 거리에서 진정한 관계가 시작되고 오랫동안 유지된다는 것을요.

그중에서도 몇몇 관계는 적당한 거리에서 당신에게 특히 다정한 태도를 하고 있을 것입니다. 그리고 '내 편인 사람'들이 지닌 다정함은 꽤 작은 상자에 정성스럽게 담겨 있습니다. 다정함은 디테일에 숨겨져 있어요. 다정은 무언가를 주고받는 이윤을 중시하는 거래도 아니죠. 대가 없이 마음을

다양한 관계 속에서 성장하고 있습니다

전하는 것이기 때문에 굳이 아무에게나 다정한 모습을 보여 줄 이유가 없어요. 당신의 일상에 대한 사소한 궁금증들은 당신 편에 있는 사람들에게서만 나타납니다.

'내 편에 어떤 사람들이 있을까?'라는 생각이 부담스럽게 느껴진다면, 반대로 내가 마음을 나누어 준 사람은 누가 있는지 고민해 보는 것도 좋습니다. 당신도 다른 누군가에게 '같은 편'이 되는 사람일 테니 말이죠.

내 곁의 사람과 함께한다면 어려운 문제도 쉽게 풀어낼 수 있습니다. 좋은 사람들과 함께 있으면 혼란을 줄일 수 있어요. 의지가 되는 사람과 함께 있으면 불안을 떨쳐낼 수 있습니다. 그러니 당신을 소중히 여기는 사람들을 만나세요. 모두에게 사랑받기 위해 억지스러운 모습을 유지할 필요는 없습니다. 당신 편에 있는 사람들과 사랑을 나누며 성숙한 단계로 나아가세요.

모두에게 사랑받고 싶은 당신이 기억할 8가지

☑ 사람이 걸러지는 계기가 있다.

☑ 내 편이 누구인지 알아내기는 생각보다 어렵다.

☑ 관계에는 크고 작은 기회비용이 발생한다.

☑ 인간관계는 찍어 먹어봐야 안다.

☑ 관계를 통해 상처받으며 내 곁에 있는 사람의 소중함을
   깨닫게 된다. 경험을 통해 성장할 수 있다.

☑ 적당한 거리를 두고 다정한 태도를 취하고 있는 사람들
   에게서 당신은 위로받을 수 있다.

☑ 내 편인 사람과 함께한다면 어려운 문제도 쉽게 풀어낼
   수 있다. 내면의 혼란을 줄일 수 있다.

☑ 당신을 소중히 여기는 사람을 만나 성장하도록 하라.

대체 불가능한 사람이 될 것

타인이 내 인생의 전부가 될 수는 없습니다. 사람이나 관계를 통해 성장한다는 이야기는 자양분으로 삼는다는 의미지, 관계의 규모나 크기 자체를 키워야 한다는 의미가 아닙니다.

우리는 자주 내면의 성장을 등한시하고 표면적인 성장만 중시하곤 합니다. 직장인을 예로 든다면, 나보다 회사의 이익이 우선시 되는 겁니다. 회사의 규모와 매출이 개인의 성장과 직결된다고 오해해 자신과 동일시하고 맙니다. '회사'라는 단어에 '가족', '연인', '친구', '집단' 등등 당신이 속한 다른 커뮤니티로 대체해 볼 수 있습니다.

누군가는 인맥 자랑에 여념이 없습니다. 자신이 누구를 알고, 이 사람이 얼마나 대단한 사람인지, 그런 사람을 아는 내가 부럽지 않냐는 허세를 부리는 사람을 어렵지 않게 만날 수 있습니다. 흥미로운 사실은 여러 관계 속에서도 스스로 성장하지 못한 사람들은 결국 자신이 믿고 있던 관계로부터 버림받거나, 관계의 가장자리로 밀려나 점점 존재감을 잃게 된다는 것이죠. 그러니 인맥을 자랑하는 일은 부질없을 수밖에 없습니다. 좋은 사람과 관계를 맺고 있다는 건 분명 좋은 일이지만, 그보다 먼저 그 관계를 충분히 끌어안고 유지할 수 있는 그릇이 되어야 합니다.

수많은 청년이 네임드에 집착합니다. '○○에 다니는 □□이 되기'에 목적을 두고 움직입니다. 아니, 어쩌면 청년기뿐만 아니라 생 전반에 걸쳐 네이밍을 위한 노력을 하고 있을지도 모르겠습니다. 특정 집단과 관계에 소속되고자 엄청난 에너지를 소모하고 있는 것이죠. 나의 이름 앞에 붙을 수식들이 나의 이름을 조금 더 가치 있게 만들어 줄 것 같고, 사회가 그렇게 유도해 온 영향도 있습니다.

자아가 형성될 때부터 우리는 내 이름을 화려하게 꾸미는 일에 열과 성을 다합니다. 하지만 그렇게 도달한 목적지가 반드시 당신을 만족스럽게 할 거라는 보장은 없습니다. 몇 년에 걸친 준비 끝에 그토록 원했던 직장에 입사하거나 시험에 합격해도, 현실은 우리가 상상해 왔던 이상과 큰 괴리가 있습니다. 현대인의 고질병인 번아웃 증후군Burnout Syndrome도 그런 간극을 겪는 이들이 많아서 고질병이 된 것이죠. 열심히 일하고 달려온 사람이 낙심해 순식간에 방향감을 상실하게 됩니다.

관계를 맺거나 어딘가에 소속되는 여정은 새로운 성장의 시작일 뿐입니다. 골인 지점이 아니라 스타트 라인에 서게 된 겁니다. 소속 그 자체로만 완성될 수 없습니다. 이 사실을 깨달았다면, 가능한 한 이른 시일 내에 '어디에 다니는 누구'가 아닌, '무엇을 하는 누구'로 삶의 방향을 전환해야 합니다. '어디'보다 '무엇'을 '어떻게'가 더 중요한 법입니다.

회사는 당신이 아닙니다. 공동체의 성장은 당신의 성장이 아닙니다. 관계를 맺고 소속되는 것만으로 만족한다면 커리어는 끝이 납니다. 이는 학교도, 인맥도, 여러 관계에도 동일하게 적용됩니다. 자신의 존재 가치를 위해 그 속에서 움직임을 만들어 내는 자신만의 운동력을 보여주는 능동성이 중요합니다.

관계를 섬세하게 다루는 사람들을 살펴보면 단순히 착하

다거나 인성이 좋은 것 이상으로 압도적인 잠재력을 지니고 있습니다. 그들이 인복이 좋아서라거나, 운 좋게 영향력 있는 관계를 맞닥뜨린 것이 아닙니다. 그들의 비결은 '진정한 성장'에 있습니다. 타인과의 관계를 지키고 발전시키는 사람들은 관계나 인맥을 자랑하거나 매몰되는 대신, 자신의 성장으로 관계를 이끌어 갑니다. 그렇게 타인과의 관계를 주도하는 사람들은 자신의 고유성을 인정하고, 마침내 대체 불가능한 사람이 되어 보란 듯이 진가를 증명한다는 공통점을 지니고 있습니다.

축구선수 손흥민은 2021-2022 시즌 잉글랜드 프로축구 프리미어리그(EPL)에서 아시아 선수 최초로 득점왕에 올랐습니다. 손흥민은 여전히 굉장한 커리어를 쌓으며 위대한 선수가 되는 여정을 계속 이어가고 있습니다. 만약 그가 유럽 명문 구단에 소속된 것으로 만족하고 이적 후에 자신의 가치를 증명해 내지 못했다면, 단숨에 전 세계적으로 비난을 받고 다른 팀으로 방출되었을 것입니다. 그러나 손흥민은 압도적인 퍼포먼스를 보여주었고, 의미 있는 타이틀을 거머쥐었습니다. 자신의 성장을 이룸과 동시에 주위 선수들과의 관계를 건강하게 구축했기 때문이라는 것에는 의심의 여지가 없습니다. 자신의 진가를 증명해 내지 못하거나, 소속된 곳과 어울리는 실력을 지닌 일원으로 성장하지 못하면 '소속'이란, 금방 무너질 수밖에 없는 연약한 가치가 됩니다. 특히 프로 무대는 실수를 허용하고 기다려 주는 학교가 아니기 때문에 더욱 그렇죠. 실력이 부족한 동료를 끝까지 신뢰하고 기다리다가 오히려 팀 전체를 불행한 상황에 처하게 할 수도 있기 때문입니다. 뛰어난 팀워크, 동료들과 함께 만드는 의미 있는 결과도 결국 '자신의 가치와 능력'을 증명하는 사람에게 주어지는 특권이라는 걸 명심해야 합니다.

당신이 소속된 공동체와 주변 관계를 통해 당신의 진가를 유추해 볼 수는 있겠지만, 그것이 당신의 실체가 될 수는 없습니다. 즉, 자신을 성장시키는 것도, 증명하는 것도 본인이 해내야 합니다.

관계를 소중히 여기라는 말은 그래서 참 어렵습니다. '싸우지 말고 친하게 지내라'는 단순한 의미가 아니라, 그 관계에 어울리는 사람이 되어야 한다는 복잡한 의미가 내포되어 있어서입니다. 그러므로 다른 사람과 잘 지내는 일, 타인과의 관계를 건강하게 유지하는 것 또한 '나를 사랑하는 일'이 밑바탕이 되어야 가능합니다. 건강한 자존감을 지닌 사람이 다른 사람과도 잘 지낼 수 있습니다.

나를 사랑하게 된다는 것은 무엇일까요? 그 모습은 어떤 분위기를 지니고 있을까요? 단 하나의 모습으로 정의할 수는 없지만, 자신을 사랑하게 된 사람들의 특징을 나열하는 것은 가능합니다.

건강한 자기애를 가지고 있는 사람 특징

· 취향을 주변에 드러내는 데에 두려움이 없다.
· 자신을 소중하게 여기며 자신을 계속 행복하게 해줄 거라는 다짐을 한다.
· 자신의 철학을 구체화해 나가며 그 과정에서 얻게 된 경험을 소중히 여긴다.
· 인생을 이끄는 힘을 지니고 있기에 크고 작은 의사 결정의 순간에 자신의 가치관이 투영된 선택을 하는 일에 익숙하다.
· 자신만의 이야기를 만들어 가는 일에 거침없다.

관계를 소중히 여기기 위해서 당연히 노력이 필요합니다. 그리고 그 노력은 반드시 자신의 행복을 위한 방향으로 흘러가야 해요. 관계를 위해, 때론 공동체와 소속된 조직을 위해 헌신하는 것도 중요하지만, 목적을 잊고 희생만 하다 보면 자칫 자신이 누군지 잃어버리기 쉽습니다. 불행할 겁니다.

그러니 부디 대체 불가능한 사람이 되세요. 많은 사람이 흉내는 내지만 완전히 베낄 수는 없는 유일한 사람이 되세요. 그렇게 되기로 스스로 결심하세요. 수식에 집착하는 대신, 당신을 중심으로 관계를 구축하고 주도하세요. 자신을 소중히 여기는 방법은 바로 이런 결심에서 시작됩니다.

타인과의 관계에 권태를 느끼는 당신이 기억할 7가지

☑ 타인과의 관계가 인생의 전부는 아니다.

☑ 인맥 자랑은 부실없다. 중요한 것은 좋은 관계에 어울리는 좋은 사람이 되는 것이다.

☑ 관계를 맺거나 소속되는 일은 성장의 시작일 뿐이다. '어디의 누구'보다 '무엇을 하는 누구'가 되어야 한다.

☑ 자신의 존재 가치를 '소속됨'에 두지 말고, 그 안에서 주체적이고 능동적인 움직임을 만들어야 한다.

☑ 타인과의 관계를 주도하는 사람은 대체 불가능한 사람이다. 흉내는 내도 완전히 베낄 수는 없다.

☑ 건강한 자존감을 지닌 사람이 다른 사람과도 잘 지낼 수 있다.

☑ 관계를 소중히 여기려면 수식에 집착하는 대신, 당신을 중심으로 관계를 구축하고 주도해야 한다.

Part 4

나를
사랑하는 중입니다

충분히 다정하고, 언제나 상냥할 것

"행복을 위해서 무엇이 필요할까요?"라고 질문하면 각기 다른 선택지를 꺼내놓습니다. 대답이 다양하다는 건, 그만큼 행복의 기준이 다양하고, 저마다 다른 의미를 부여하고 살고 있음을 뜻하겠죠.

행복을 느끼며 살아가기 위해선 여러 가지가 필요합니다. 그중에서 특히 중요한 요소가 '만족감'입니다. 우리는 보통 만족이라는 단어를 떠올릴 때 무언가를 소유해 얻은 충만감으로 연결 짓습니다. 예를 들면 돈이나 물건, 명예와 권력 같은 항목들이 있습니다. 하지만 이러한 것들은 가지면 가질수록 더 큰 갈증을 느끼게 하는 속성을 지니고 있습니다. 적당한 선에서 만족되는 법이 없으니 항상 목마른 상태로 살아갈 수밖에 없어요. 물론 소유해서 나쁠 건 없습니다. 소유해 얻게 되는 장점도 분명히 있으니까요.

하지만 '만족'은 단순히 소유에만 연동된 개념이 아닙니다. 소유보다 더 높은 수준의 충족을 느껴야 만족이 가능합니다. '만족감'이 채워지면 '나에게 다정한 태도'로 발현됩니다. 불만족 상태에서는 나를 포함한 누구에게도 다정할 수 없으니까요. 충만감은 나에게로, 나에게서 타인에게까지 뻗어나갑니다. 그리고 비로소 '행복'에 닿을 수 있죠. 나를 위한 만족감을 채워나가야 하는 이유입니다. 모두 별개의 요소들로 보여도 유기적으로 연결되어 '나'에게 직간접적인 영향을 미칩니다. 다시 한번 같은 질문을 건네봅니다. 행복을 위해서 무엇이 필요할까요?

'최인아 책방' 최인아 대표의 칼럼을 읽다가 한참 생각에 잠긴 적이 있습니다.

"정말로 못된 성격은, 타인이 아니라 스스로를 들볶고 괴롭히는 게 아닐까? 타인은 언젠가는 헤어지지만 자기 자신과는 죽을 때까지 평생 함께 살다 간다. 사는 내내 자신에게 스트레스를 받으며 시달린다고 생각해 보라. 아주 고약하지 않나?"

〈새해엔 안달복달하지 않기!〉,《동아일보》, 2021년 12월 25일.

당신이 자신의 마음을 어떻게 대하고 있는지 궁금합니다. 남에게는 잘하면서 나에게는 못하는 사람들이 많거든요. 주위에 다정한 것도 중요하지만, 그 과정에서 나를 상처 입히거나 망가뜨리지 마세요. 충만하세요.

낮아진 자존감, 무너진 마음을 일으켜 세우기 위해선 크고 작은 행복을 느끼는 습관이 너무나도 중요합니다. 행복을 느끼는 과정에서 당신을 함부로 대하거나 괴롭히는 요소는 반드시 제거해야 해요. 뻔한 이야기지만, 무엇보다 자신이 어떨 때 만족감을 느끼는지를 탐구하고 고민할 필요가 있겠습니다.

저는 당신이 스스로에게 충분히 다정하고, 언제나 상냥했으면 좋겠어요. 자기 자신을 들볶고 괴롭히는 대신, 자신과 사이좋게 지내며 오랫동안 따뜻했으면 좋겠습니다. 진짜 행복은 바로 그 온기에서부터 시작됩니다.

자신과 잘 지내고 싶은 사람이 기억할 6가지

☑ 행복하기 위해선 소유를 통한 충만감이 아닌, 다정에서 비롯된 '만족감'이 필요하다.

☑ 불만족 상태에서는 나를 포함한 어느 누구에게도 다정할 수 없다.

☑ 만족감은 다정함이 되고, 다정함은 행복으로 이어진다.

☑ 남을 돌보기 전에 자신을 먼저 돌보도록 하라.

☑ 작은 행복을 쌓아가야 한다. 자신을 괴롭게 하는 요소가 있다면, 단호히 제거할 필요가 있다.

☑ 진정한 행복은 '나'를 소중히 대하는 것에서부터 시작한다. 온기가 번져 지속될 때 행복해질 수 있다.

상황이 엉망이 돼도 당신은 망가지지 않는다

우리는 매 순간 크고 작은 결정을 하며 살아갑니다. 지나간 일들을 되돌아보면 아쉬운 것투성이기도 해요. 아쉬움을 남기고, 후회를 하기 시작하면 부정적인 감정이 끈질기게 들러붙습니다. '그때 그렇게 할걸', '도대체 왜 그랬지?' 같은 내면의 목소리들이 귓가에서 맴돕니다. 긍정적인 목소리는 수명이 짧은데 부정적인 목소리는 수명이 길어 떨쳐내기가 참 어려워요. 또한 말끝이 날카롭기까지 해서 쿡쿡 나를 아프게 찔러댑니다. 진하게 멍이 들 만큼이요.

단순히 자기 합리화를 돕기 위해 하는 겉치레식 말이 아니라, 진심으로 그때의 당신은 최선을 다했을 겁니다. 그러니 후회를 하지 않아도 됩니다. 지금의 당신이 성장했음을 알아차리고 뿌듯하게 여기세요. 당신이 후회하는 그 시절의 당신은, 분명 나름의 이유와 논리를 가지고 결정을 하고 행동했을 것입니다. 최소한 당시에는 그랬을 겁니다. 심지어 모든 문제가 오로지 당신으로 인해 발생했다고 보기도 힘들어요. 타인이 실수했거나 서로 오해가 쌓였을 수도 있고, 여러 우연이 겹쳐 불운을 겪은 것일 수도 있어요. 불행한 일을 당할 만큼 어리석거나 부족해서가 아니라, 최선을 다했음에도 아쉬운 결과와 문제가 생길 수 있다는 뜻입니다. 그렇다고 무조건적으로 과거를 미화하란 뜻은 아니에요. 굳이 남 탓으로 돌릴 필요도 없죠. 하지만 때론 '있는 그대로' 바라볼 줄도 알아야 합니다. 배배 꼬아서 보지 않아도 됩니다.

자존감이 낮아져 고생하고 있는 사람들에겐 자책이 습관이 되어 있습니다. 화살을 자신에게 돌리는 것에 익숙해져서, 아무도 모르게 앓으며 혼자 수없이 상처를 받곤 합니다. 상처를 주는 사람도, 받는 사람도 본인인 거죠. 그들은 원인을 자신에게서 (쥐어 짜내어) 찾아내는 걸 오히려 쉽고 편하게 여깁니다. 날 탓하는 것만큼 단순한 일은 없으니까요. 상황을 복합적으로 사고하고, 일의 인과를 살펴보며, 어쩌면 내가 아끼는 지인을 잃어야 할지도 모르는 위기 상황들로부터 도피하는 방법이기도 합니다. 그러다 보면 점점 스스로를 속이는 일에 익숙해집니다. 오히려 피해를 본 상황에서조차도 마치 자신에게 문제가 있는 것처럼 믿어버리고 맙니다.

벌어진 일은 벌어진 것이고, 내 잘못이 있다면 그만큼만 속상해하면 됩니다. 내 테두리 밖에서 생긴 일은 모른 척 지나가는 게 좋아요. 모든 문제를 홀로 끌어안느라 마음을 망가뜨리거나, 자신의 가치를 스스로 낮추거나, 이상한 방향으로 생각이 흘러가도록 방치하지 마세요. 필요에 따라 뻔뻔해져야 합니다. 안전감과 안정감을 키워, 불안 속에서도 무너지지 않아야 합니다.

노희경 작가의 16부작 드라마 〈괜찮아, 사랑이야〉의 마지막 회차에서 장재열(조인성 역)이 이런 말을 합니다.

"저는 그동안 남에게는 괜찮냐 안부도 묻고 잘 자란 굿나잇 인사를 수도 없이 했지만, 정작 제 자신에게는 단 한 번도 한 적이 없거든요. 여러분들도 오늘 밤은 다른 사람이 아닌 자신에게 '너 정말 괜찮으냐' 안부를 물어주고 따뜻한 굿나잇 인사를 하셨으면 좋겠습니다. 그럼 오늘 밤도 굿나잇."

자신에게 위로의 말을 전하는 게 처음엔 어색하게 느껴질 수 있지만, 큰 힘을 지닐 때가 있습니다. 계기가 없다면 계기를 만드세요.

당신이 최선을 다했어도 의도하지 않은 결과를 맞이할 수 있습니다. 극단적으로는 실패할지도 모르죠. 하지만 절망감에 허우적거릴 때도 이것만은 꼭 기억해 주세요. 상황이 엉망이 돼도 당신은 망가지지 않습니다.

모든 게 내 탓처럼 느껴질 때 기억할 6가지

☑ 언제나 당신은 당시의 최선을 다했다.

☑ 당신이 잘못해서 문제가 발생한 것이 아니다.

☑ 한 발자국 떨어져 '있는 그대로' 바라볼 수 있어야 한다.

☑ 벌어진 일은 이미 벌어진 일이고, 잘못이 있다면 그만
   큼만 반성하면 된다. 본인과 관련이 없다면 거리를 두
   고 바라보도록 하라.

☑ 모든 문제를 당신이 책임질 필요는 없다.

☑ 최선을 다해도 뜻대로 되지 않을 수도 있다. 실패를 경
   험하더라도 당신의 세상은 무너지지 않는다. 상황이 엉
   망이 돼도 당신은 망가지지 않는다.

오늘 하루를 쌓는 일에 집중할 것

저는 '밀도'라는 단어를 좋아합니다.

[명사] 밀도

1. 빽빽이 들어선 정도.

2. 내용이 얼마나 충실한가의 정도.

출처: 표준국어대사전

만약 우리의 인생이 눈에 보이는 형태를 지니고 있다면, 개
개인이 지니고 있는 부피와 질량이 다를 것입니다. 즉, 모두

가 나름의 밀도를 가지고 살아가고 있다는 것이지요. 내실을 다지지 않고 부피만 키우기 시작하면 밀도는 낮아집니다. 자신을 채우는 일에 소홀해지면 부실 공사를 한 아파트처럼 불안한 내실을 가지게 되는 거죠.

인생의 충실도를 '인생의 밀도'라고 한다면, 인생이라는 '큰 부피를 가진 통' 안에 '오늘'이라는 시간을 어떻게, 얼마나 제대로 쌓아 둘 것인지가 매우 중요해집니다. 조금 과장을 보태면, 오늘 하루를 어떻게 쓰는지가 인생의 가장 중요한 요소라고 할 수도 있겠습니다.

덴마크의 소설가 '카렌 블릭센'이 이런 말을 한 적이 있습니다.

"자발적으로 매일 빠지지 않고 조금씩 하는 '그것'이 당신이 누구인지 말해준다."

'현재를 즐겨라', '지금 이 순간에 충실하라'라는 카르페 디엠Carpe Diem 식의 메시지는 흔합니다. '자신의 운명을 사랑하라'라는 아모르파티Amor Fati 메시지도 이미 익숙하죠. 하지만 '인생의 밀도를 높여라'라는 메시지는 낯설게 느껴집니다. 밀도라는 개념을 이해하기도 힘들고, 높이기도 힘든 일이거든요. 거기에는 크고 작은 여러 노력이 필요하고, 지속적인 관심도 필요합니다. 시간을 흘러가게 두는 것은 쉽지만, 시간에 의미를 부여하는 것은 진심을 담아야 하는 작업이기 때문입니다.

'오늘을 열심히 살아가는 사람' 하면 떠오르는 사람이 있나요? 그런 사람들은 우리 주변에 생각보다 많이 존재하고 있습니다. '꾸준히 해내는 것'도 하나의 능력이고, 지구력에 천재성을 드러내는 사람들 말이죠.

흥미로운 사실은 '오늘에 충실한 사람들'이 겉으로 보기에는 화려하지 않다는 거예요. 그런데 그 사람들이 만들어 낸 결과물들은 제법 멋스럽습니다. 대단한 퀄리티로 주변 사람들을 깜짝 놀라게 만들기도 하고요. 자신의 하루를 어떻게 쌓는지 아는 사람들은 누적의 효과를 이미 잘 알고 있습니다.

그렇게 꾸준히 자신의 삶을 쌓아가는 사람들도 자세히 보면 다양한 실수와 흑역사를 겪었습니다. 하지만 그것이 '하루를 꾸준히 쌓아가는 일'을 그만둬야 할 이유가 되지는 못합니다. 수많은 시행착오도 소중히 여겨 쌓아올린 겁니다.

시대를 관통하는 뛰어난 결과물들은 하루아침에 뚝딱 만들어지지 않습니다. 누군가의 노력이 들어가고, 고민의 흔적이 곳곳에 새겨져 있죠. 그것은 고통스러운 시간과 지루한 반복의 결과물입니다. 집착에 가까울 정도로 사소한 부분까지 신경 쓰는 사람만이 사람들이 주목할 만한 것들을 만들어

냅니다. 우리가 '작품'이라고 부르는 것들은 모두 섬세한 지구력을 가진 사람들의 손길에서 빚어졌어요. 그런 사람들의 시간은 모두 경험이 되고, 그 경험에는 어느 것 하나 버릴 것이 없습니다. 꾸준함과 경험, 정성과 진심은 결코 당신을 배신하지 않는다는 걸 기억하세요.

요즘 인스타그램 등 소셜 미디어에 일상에서 발견한 작은 깨달음과 영감을 기록하는 사람들이 많아졌습니다. 이승희 작가의 《기록의 쓸모》, 《별게 다 영감》처럼 기록의 즐거움과 발견의 기쁨, 충실함의 원리가 담긴 책이 많은 사랑을 받는 것도 그런 흐름이라고 볼 수 있겠어요.

"하루하루는 지나치면 무료하다. 그러나 매일같이 기록한 후 들여다보면 하루하루는 특별하다. 내가 생각하는 크리에이터란 완전히 새로운 것을 만들어 내는 사람이 아니다. 자신의 이야기를 자유롭게 꺼낼 수 있는 사람, 자기 생각으로 일을 만들 줄 아는 사람이라면 누구나 크리에이터다."

이승희, 《별게 다 영감》, 북스톤, 2021.

메모에 가까운 '한 가지 기록'을 보면 별다른 감흥이 없거나 대단하지 않게 느껴집니다. 하지만 아카이빙된 '영감의 조각'

이 하나둘 쌓여 수백 개가 되고, 거대한 부피와 묵직한 질량을 지니고 나면, 다른 누군가가 갑자기 뛰어넘기 어려운 밀도를 가지게 됩니다.

2021년 4월, tvN 예능 〈유 퀴즈 온 더 블럭〉에 이동진 영화평론가가 출연했습니다. 출연 당시 이동진 평론가는 아래의 질문을 받았습니다.

"지금까지 나의 삶을 한 줄 평으로 쓴다면?"

그동안 수천 편의 영화에 핵심을 담아 압축한 한 줄 평을 써내려 온 이동진 평론가였습니다. 그가 자신의 삶을 한 줄로 어떻게 정의할지가 궁금해 저는 이동진 평론가의 대답을 흥미롭게 기다렸습니다.

"하루하루는 성실하게, 인생 전체는 되는 대로. 이건 제가 자주 생각하는 주제입니다. 어차피 인생은 목적을 가지고 전력투구를 해도 원하는 대로는 안 된다는 걸 아는 나이가 됐고요. 지금 제가 노력을 들여서 할 수 있는 건, 오늘 하루 성실한 것. 제가 그거는 할 수 있는 것 같고, 그 외 나머지는 저도 알 수 없죠. 하루하루가 모여서 인생이 됩니다. 인생 전체를 우리가 플래닝 할 수는 없어요. 이렇게 변화도 많고 좌절시키는 일투성이지만, 그나마 인생의 실패를 줄이는 일은 하루하루 성실하게 사는 것밖에 없다고 생각해요."

만족의 크기 대신, 빈도에 주목하세요. 하루하루를 쌓아 올리고 작은 행복을 경험하며 그 과정을 계속 반복하는 것. 그러다 보면 불확실한 미래에 대한 혼란이 자연스레 줄어들 것입니다.

당신의 인생이 어떤 모습이든, 어느 정도의 부피와 질량을 가졌든지 간에 '충실한 하루를 쌓는 일'에 집중했으면 좋겠습니다. 스스로 열심히 했다고, 잘하고 있다고 인정해 주세요. 더 나은 내일을 만드는 방법은 오늘을 잘 보내는 일이더라고요. 하염없이 흔들리다가도 언제 그랬냐는 듯 평온해질 수 있도록요.

불확실한 미래로 혼란스러운 당신이 기억할 7가지

☑ 모두 자신만의 밀도를 가지고 살아가고 있다.

☑ 인생이라는 큰 통에, 오늘이라는 내용물을 어떻게 채워 가는지가 중요하다.

☑ 시간을 그저 흘러가게 내버려 두기는 쉽지만, 시간을 주도적으로 사용하려 한다면 성실한 태도와 진심이 필요하다.

☑ 오늘을 열심히 살아가는 사람들은 우리 주변에 생각보다 많이 존재하고 있다. '꾸준히 해내는 것'도 하나의 능력이며, 그 분야에서 천재성을 드러내는 사람들이 있다. '오늘에 충실한 사람'들이 겉으로 보기에는 화려하지 않을 수 있다. 하지만 그 사람들이 만들어 낸 결과물들은 제법 멋스럽게 느껴진다. 때로는 대단한 퀄리티로 주변 사람들을 깜짝 놀라게 만들기도 한다. 자신의 하루를 어떻게 쌓는지 아는 사람들은 누적의 효과를 누구보다 잘 알고 있다.

☑ 만족의 크기가 아니라 빈도에 주목하라. 오늘 하루를 쌓고, 작은 행복을 경험하며 그 과정을 계속 반복하는 것. 이게 불확실한 미래에 대한 혼란을 줄이는 비결이다.

☑ 당신의 인생이 어떤 모습이든, 어느 정도의 부피와 질량을 가졌든지 간에 '충실한 하루를 쌓는 일'에 집중하도록 하라. 스스로 열심히 했다고, 잘하고 있다고 인정해 주기도 하면서 말이다.

☑ '인생의 밀도'를 높여가는 것은 미래의 어느 시점이 아니라 바로 지금, '오늘 하루'의 시간을 어떻게 사용하는지에 달려 있다.

매일 하는 사람, 그만두지 않는 사람

정년퇴직하신 아버지가 언제부턴가 '전국 100대 명산'의 봉우리를 하나씩 점령하기 시작하셨습니다. 그즈음에 '사람들이 산에 오르는 이유는 도대체 무엇일까?'를 고민해 보게 되었습니다. 아버지의 마음과 시간이 궁금해서였습니다.

산을 오르내리는 과정에서 우리는 남다른 깨달음을 얻습니다. 등산을 하며 볼 수 있는 장면이 있고, 하산을 하면서 발견할 수 있는 장면이 있습니다. 등산은 인내를, 하산은 조심성을 길러줍니다. 확실한 건 '견뎌야만 만날 수 있는 풍경'이 있다는 사실입니다. 등산은 함께하는 동료들이 있다면 격

려가 될 수 있겠지만, 이러나저러나 누군가가 대신해 줄 수 없는 독립적인 여정입니다. 그러므로 '스스로 이루어 낸 성취감'을 선명히 느낄 수 있는 과정이 등산이라고 할 수 있습니다. 온몸이 땀범벅이 되었다가도 시원한 산바람에 온몸이 상쾌해지고 머릿속이 가벼워집니다. 정상에서 만나게 되는 경관은 아무리 좋은 카메라가 있다 해도 실제 두 눈으로 보고 느끼는 벅찬 감격을 담아낼 수 없습니다. 한계를 극복하며 묵묵히 올라간 그간의 노력을 보상이라도 하듯, 직접 오른 사람만이 느낄 수 있는 정취와 성취가 있습니다.

흥미로운 건, 같은 루트로 같은 산을 타더라도 매번 만나게 되는 풍경이 다르다는 것입니다. 시간이나 날씨에 따라, 계절에 따라, 심지어 내 기분에 따라서도 천차만별로 달라집니다. 우리는 반복되는 일상을 지겹게만 여기지만, 그 일상을 어떻게 꾸려나가고 있느냐에 따라서 반복적 행위마저 새로운 경험으로 탄생할 수 있습니다.

좋아하는 일이어야 더 오래 할 수 있습니다. 오래 하다 보면 잘할 수 있게 돼요. 잘하게 된 일은 더욱 좋아하게 됩니다. 그리고 좋아하게 된 일은 끝까지 해보고 싶어져요. 당신이 무언가를 극복한다면, 어느 산의 정상에 오르게 된다면

'좋아하는 일'이었기 때문일 것입니다.

바닥 치는 자존감으로 힘든 사람에게 결과물을 만들도록 독려하는 건 상당히 위험한 일입니다. "버텨내라", "즐기면서 해라", "이루어라", "좋아하는 걸 해라", "할 수 있다" 같은 동기부여를 위한 메시지가 개인이 처한 상황에 따라 꽤 강압적으로 느껴지기도 합니다. 그들도 정답을 알고 있습니다. 어떻게 하는 게 좋고, 어떤 방법을 사용해야 하는지 잘 알고 있습니다. 다만 뜻대로 되지 않을 뿐이죠. 평소 같았다면 당연하게 받아들였을 텐데, 자존감이 낮아지면 그 '당연함'이 무서워집니다.

힘을 내야 하는데 힘내기가 쉽지 않습니다. 그런 상황에선 무작정 정상에 오르라고 채찍질해 봐야 소용없습니다. 그럼 어떡하냐고요? 저 높은 정상(결과)을 보라는 식으로 동기 부여하기보다는, 과정에서 만나게 될 크고 작은 풍경들을 주목하게 하는 게 좋습니다. 성취란 꼭 정상에만 있는 게 아니니까요. 곳곳에 숨겨진 들꽃, 도토리를 들고 가는 다람쥐, 반듯하게 다듬어진 나무 벤치, 갈증을 달래주는 약수터, 코끝을 스치는 청량한 향기…. 나를 위로하는 사소한 조건들에 귀 기울이면 그 또한 성취가 됩니다. 등산의 완성은 정상이 아닙니다. 오르내림의 과정에서 한 발자국만 더 가보려는 그

의지, 과정 속의 만남들이 등산의 본질입니다.

KBS2 예능 〈대화의 희열〉에 출연한 가수 지코가 이런 말을 한 적이 있습니다.

"운동이랑 비슷한 것 같아요. 정말 힘들고 고통스러울 때 트레이너분이 '마지막 한 번 더'라고 해주시잖아요. 그때, 그 순간을 잘 버텨내면 그 '마지막 노력'에 근육이 성장하는 거죠. 지금 귀찮고 번거롭더라도 '이것만 버텨내면', '이 단계만 거쳐 가면' 지금 이 발전된 상태가 내 기본값이 될 거라는 확신이 있어요. 이런 확신 덕분에 번거로움이 주는 이점을 지혜롭게 사용하면서 성장할 수 있었던 것 같아요."

'당신이라는 사람'은 어느 날 갑자기 나타난 존재가 아닙니다. 당신이 만나온, 경험해 온 것들의 집합체입니다. 가장 높은 곳에, 아무도 도달하지 못하는 곳에 혼자 우뚝 서 있지 않습니다. 우리가 만나야 하는 풍경은 결과 속에 있지 않습니다. 대단한 성과를 낸 사람들도 결국 '과정'에 주목한 사람들이었다는 걸 잊지 마세요.

물론 그 과정에서 경계해야 할 점이 있습니다. 바로 '매일, 하루도 빠짐없이, 완벽하게 해내겠다'라는 완벽주의입니다. 과도한 기준을 세워 자신을 코너로 몰아놓고 괴롭히면, 잘해야 한다는 부담감 때문에 할 수 있는 것도 못하게 됩니다. 소극적 완벽주의자는 목표를 이룰 수 없습니다. 이 스트레스가 어느 수준을 넘어서기 시작하면, 강박으로 변하는 걸 목격하게 됩니다. 아이러니하게도 '하루도 빠짐없이 매일 해야 한다'라는 강박은 계획이 조금이라도 어긋나면, 자신의 통제를 벗어났다는 생각에 깊이 절망합니다. 결국 머지않아 이런저런 핑계를 찾아 회피하고, 마침내 흥미를 잃거나 포기하게 될 가능성이 커지죠. '매일 해내는 꾸준한 사람'이 목표였던 사람이 '아무것도 하지 않는 사람'이 되기 참 쉽습니다.

'일기 쓰기'를 예로 들어볼까요? 당신이 추구해야 하는 건, '일기를 쓰는 사람 되기'지 '일기를 매일 빠짐없이 쓰는 사람 되기'가 아닙니다. 일기를 매일 쓰면 너무 좋겠죠. 하지만 매일 쓰는 것조차도 '일기를 쓰는 사람'만이 해낼 수 있습니다. 처음부터 조건 설정을 과도하게 걸어놓고 시작할 필요는 없습니다.

당신이 포기하지 않는다면, 그만두지 않는다면…. 당신은 '계속하는 사람'이 됩니다. 그렇게 계속해 내는 사람은 다른 사람보다 더 오래, 더 많이, 더 자주 그 일을 해낼 수 있게 됩니다. 계속 발을 내디딘 사람만이 마침내 자신이 만나고 싶었던 풍경을 만나게 됩니다. '견뎌내야만 만날 수 있는 풍경'을 한 번이라도 경험해 본 사람은 강합니다. 또 다른 봉우리를 찾아가는 일에 과감해지거든요.

우리 인생은 '지루함을 견뎌내며 반복하는 힘'을 통해서 성장합니다. 도전하고, 한 번 더 해보고, 반복해서 연습하세요.

언젠가 한 번은 어느 일본인이 트위터에 업로드한 글을 읽은 적이 있어요.

> 공부란「머릿속에 지식을 쑤셔 넣는 행위」
> 가 아니라「세상의 해상도를 올리는 행위」다.
> 뉴스의 BGM에 불과하던 닛케이 평균 주가가
> 의미를 지닌 숫자가 되거나, 평범한 가로수가
> 「개화 시기를 맞이한 배롱나무」가 되기도 한다.
> 「해상도의 업그레이드」를 즐기는 사람은 강하다.
>
> - Twitter | @toyomane

억지로 하는 것보다 괴로운 일은 없습니다. 그러나 진정으로 탐구하고자 노력한다면, 그만큼 파괴력이 큰 힘도 없습니다. 하고 싶은 것, 이루고 싶은 것이 있다면 '매일 하는 사람'보다는, '그만두지 않는 사람'이 되어야 합니다.

당신이 좋아하는 일은 무엇인가요? 이루고 싶은 목표는 무엇인가요? 하고 싶었으나 그만둔 일은 무엇인가요? 이루고 싫었지만 포기한 일은 무엇인가요?

이런 질문들이 불편하게 느껴진다면, 당신이 고를 수 있는 선택지는 더욱 선명해집니다. '그것을 원하지 않든가' 혹은 '그것을 이루는 방향으로 나아가든가' 둘 중 하나를 선택하면 됩니다. 원하는 것이 있음에도 아무것도 하지 않는 사람이 되지는 마세요. 마음이 강렬하게 원하는 바를 억지로 덮어두는 모른 척은 영혼을 병들게 합니다. 하고 싶은 게 있나요? 참지 마세요.

당신의 모든 노력이 나름의 의미와 특유의 풍경을 만나는 방향으로 향했으면 좋겠습니다. 당신의 마음이 힘든 건 그만큼 최선을 다했다는 증거이니, 자신을 위로하고 응원하세요. 당신을 위해 준비된 멋진 풍경을 마침내 마주할 수 있기를 바랍니다.

끝까지 해내지 못해 고민인 당신이 기억할 7가지

☑ '매일', '하루도 빠짐없이', '완벽하게 해내겠다'라는 생각
　을 경계해야 한다.

☑ 너무 완벽하게 잘하려고만 하면 감당할 수 없이 스트레
　스를 받게 된다.

☑ '하는 사람'을 추구해야 한다. '완벽히 하는 사람'을 추구
　할 필요 없다. 완벽히 하기 위해서는 그보다 먼저 '하는
　사람'이 되어야 하기 때문이다.

☑ 그만두지 않으면 계속할 수 있다. 계속할 수 있다면, 다
　른 사람들보다 더 오래, 더 많이, 더 자주 해내게 된다.

☑ 목표가 있다면 그만두지 않아야 한다.

☑ 하고 싶은 걸 참지 마라.

☑ 지금 당신이 힘들다면, 그만큼 노력해 왔기 때문이다.
　최선을 다한 자신을 위로하고 또 응원해 줘야 한다.

나, 이거 좋아하는 사람이었네

인생을 풍요롭게 하는 방법에는 여러 가지가 있습니다. 많은 것을 소유하는 것, 부족한 부분을 채우는 것, 갈증을 해소하는 것, 의미 있는 일을 하는 것이 그렇습니다.

그중에서도 가장 간단하고, 효과도 좋고, 나를 오랫동안 행복하게 하는 건 역시 '좋아하는 일을 하는 것'입니다. 너무 뻔하고 단순해서 '그게 조언이야?' 싶을 정도의 이야기지만, 스스로를 즐겁게 하는 일만큼 우리 인생에서 중요한 일도 없습니다. 이 당연한 걸 현대인들은 너무 잊고 삽니다.

태어나서 지금까지 우리는 '내가 좋아하는 것들'을 더 잘 누리기 위해 성장해 왔습니다. 그중에서도 어떤 것들은 호감을 느끼는 수준에서 끝나기도 하고, 때로는 취향이 되기도 하며, 마침내 사랑으로 발전하기까지 합니다. 어렸을 때는 조금만 내 흥미를 끌고 괜찮게만 느껴져도 '좋아한다'라는 감정을 비교적 쉽게 느낄 수 있었습니다. 하지만 성인이 되고 서른 살이 넘어가면서부터, 새로운 무언가를 보며 '호감'을 느끼는 경험이 현저히 줄어듭니다. 아는 게 많아졌고, 계산이 빨라졌고, 경험도 많아졌고, 이리저리 비교하는 기술까지 늘어나 버려서 '무엇이 좋은지 나쁜지' 평가하는 저울질에 익숙해졌기 때문입니다. 그렇기에 저는 지금 당신의 마음에 '좋아하는 감정'으로 남아 있는 것들을 더욱 소중히 여겨야 한다고 생각합니다. 여전히 당신이 호의적으로 대하는 무언가가 남아 있다면, 그건 이미 당신과 잘 어울리는 것들, 앞으로의 인생에서도 쭉 일상을 지탱하는 취향으로 남을 가능성이 크기 때문이에요. 좋아하는 것을 누리는 일에 부지런해야 하는 이유입니다.

게다가 무언가를 좋아하는 일에도 '신선도'가 있어서 일정 시점이 지나고 나면 감흥이 없어지거나, 시들해지거나, 무관심해질 때도 있습니다. 그러므로 당신이 좋다고 느낀 바로 그 순간을 더 열심히 누려야 합니다.

마음이 아프거나 자존감이 낮아진 상황에서는 계속 다른 사람의 눈치를 보며 반응을 살핍니다. 그 사람의 방식을 따라 하려고 애를 쓰거나 참고하려는 성향이 강해집니다. 자신이 겪고 있는 어려움에 자신만의 돌파구를 찾기가 어려워서 기존의 자료를 수집해 참고하게 됩니다. 사실 다른 사람의 방법이 나에게도 효과적이라면 더할 나위 없이 좋겠죠. 그러나 아쉽게도 개개인의 성향과 성장 배경이 모두 달라서, 타인의 방법을 나에게 적용해서는 자신을 제대로 지켜낼 수 없습니다.

힘든 순간, 흔들리는 마음을 지켜주는 요소들엔 공통점이 있습니다. 바로 '내 애정이 깃든 존재'라는 사실입니다. 물건일 수도 있고, 사람일 수도 있습니다. 심지어 특정 순간일 수도 있어요. 좋아하는 물건, 좋아하는 음식, 좋아하는 사람, 좋아하는 순간을 떠올리는 것만으로도 편안해지는 경험을 하게 됩니다. 그렇기 때문에 좋아하는 목록을 늘려야만 합니다. 언제, 어느 순간에 우리를 구해줄지 모르니까요.

"나, 이거 좋아하는 사람이었네."

자신이 즐겨 하거나 좋아하는 것들에 대해서 '애정'의 라벨을 붙이고, 의미를 부여하고, 색이 바래지 않도록 커버를 씌

위주는 것만으로도 그 대상은 상당한 가치를 지니게 됩니다. 그렇게 모여진 것들을 취향이라고 부릅니다. 저는 자신만의 취향을 지닌 사람이 정신적으로 건강하고, 강한 사람이라고 생각합니다.

조금 더 구체적으로 솔루션을 주자면, 적어도 하루에 하나씩 취향을 누리는 시간을 따로 확보해 두시기를 바랍니다. '취향'이라는 단어가 거창하게 느껴질 수 있지만, 좋아하는 물건을 구매하거나 책이나 영화 같이 좋아하는 콘텐츠를 누리는 것만으로도 충분합니다. 좋아하는 아티스트를 덕질하는 시간도 마음 충전의 맥락에 부합하고, 좋아하는 사람과 맛있는 음식을 먹는 것도 좋습니다.

당신이 좋아하는 순간이라면, 그 순간을 소중히 여겨주면 좋겠습니다. 그렇게 조금씩, 하루에 하나씩, 루틴으로 만드세요. 취향으로 채워나가는 하루가 누적되면 일상을 지켜낼 수 있습니다. 어쩌면 당신을 괴롭히는 일이 매일 일어날 수도 있지만, 그렇다고 꼭 우리가 사는 하루를 괴로움으로만 기억할 필요는 없습니다. '많은 것을 가진 사람'이 되기는 어렵지만, '내가 좋아하는 것을 하는 사람'이 되는 것은 생각보다 간단하거든요.

주체적으로 좋아하는 사람은 강합니다. '나는 이런 사람이야', '나는 그걸 좋아하는 사람이야'를 스스로 정의할 수 있게 됩니다. 취향을 아는 사람은 자신을 알고, 나를 알면 세상이 보이는 법이죠. 소크라테스가 괜히 "너 자신을 알라"고 말한 게 아닙니다. 이런 과정들 속에서 단단해진 마음은, 외부의 자극으로부터 당신을 지켜주는 방패가 됩니다. 그러니 사랑하는 일을 하세요. 관심이 있는 영역을 부지런히 탐험하세요. 끊임없이 기록하고 연구하세요. 당신의 취향을 주변에 알리세요. 좋아하는 일을 하며 스스로를 드러내세요. 행복은 바로 거기에서 태어납니다.

모든 것을 제쳐두고 좋아하는 것만 골라서 하라는 건 아닙니다. 애초에 그런 이기적인 삶의 방식이 가능할 리도 없고 말이죠. '좋아하는 일을 한다'라는 건 인생의 여러 순간에, 어수선한 하루의 마지막에라도 좋아하는 것들을 적절히 곁들여야 한다는 의미에 더 가깝습니다.

대체로 '우리는 하기 싫은 것들', '귀찮은 일들'과 매일 싸우고 있습니다. 출근이 그렇고 등교도 그렇죠. 과제도 그렇고 집안일도 그렇습니다. 당신은 당연히 휴식을 갈망하고, 그 짧은 쉼을 잘 채우기 위해 진지하게 고민합니다.

휴식의 순간, 지친 몸을 쉬게 해주며 널브러져 있는 것도 좋지만, 그 시간을 달리 정의해 보면 어떨까요? '나는 오늘 아무것도 안 하고 누워 있는 시간을 즐길 거야' 하고 정의하면 훨씬 더 좋습니다. "어제 퇴근하고 뭐 했어?"라는 질문에 "몰라, 기억 안 나"라고 대답하는 것과 "누워서 푹 쉬었어!"라고 자신 있게 답하는 것은 당신의 하루를 다르게 만들어 줍니다. 이왕이면 '할 게 없어서' 퍼져 있는 게 아니라, 쉼마저 내가 원해서 선택한 '좋아하는 순간'으로 정의할 수 있었으면 좋겠습니다.

당신의 일상을 행복하게 만들어 주는 기쁨은 무엇인가요? 호감은 생각보다 뿌리가 얕아서 계속 관심을 주지 않으면 생명을 다할 때가 많습니다. 식물을 키우듯 적당한 물과 햇빛, 관심이 필요해요. 사람과의 관계도 마찬가지겠죠. 좋아한다는 표현을 끊임없이 해주세요. 할 수 있는 최대한의 관심도 보여주세요. 무너진 마음을 일으켜 세우고, 흔들리는 일상의 중심을 잡아주는 건 '내가 좋아하는 것들'이니, 좋아하는 것들로 당신의 매일을 조금씩 채워나가세요.

노잼 시기를 보내고 있는 당신이 기억할 10가지

☑ 자신을 즐겁게 하는 일만큼 우리 인생에서 중요한 일은
없다. 좋아하는 일을 통해 인생이 풍요로워진다.

☑ 우리는 더 잘 좋아하기 위해 성장한다.

☑ 취향들이 당신의 일생을 지탱해 줄 것이다. 좋아하는
것을 누리는 일에 부지런해야 하는 이유다. 그러니 당
신이 호감을 느끼는 것들을 더 소중히 여겨야 한다.

☑ 호감에도 유통기한 혹은 신선도가 있다. 시간이 지나고
나면 감흥이 없어질 때도 있다. 그러므로 당신이 좋다
고 느낀 바로 그 순간을 더 열심히 누려야 한다.

☑ 힘든 순간에 나를 구해주는 것은 내 애정이 묻은 것들
이다. 물건일 수도 사람일 수도 기억일 수도 있다.

☑ 하루에 하나씩은 좋아하는 것들을 누리는 시간을 따로
확보해 두는 게 좋다. 애정에 투자를 하라.

☑ 좋아하는 순간을 루틴으로 만들면 좋다. 취향으로 채워 나가는 하루가 누적되면 일상을 지켜낼 수 있다.

☑ 마음을 괴롭게 하는 일이 매일 있을 수는 있지만, 매일 이 괴로움으로 기억될 필요는 없다.

☑ 주체적으로 좋아하는 사람은 강하다. 취향을 아는 사람 은 자신을 제대로 알고 있다.

☑ 열심히 애정을 주고, 당신이 건넨 애정을 통해 당신 스 스로를 지켜라. 끊임없이 좋아하기를 바란다.

일상을 지탱하는 기둥을 세울 것

'날마다 반복되는 생활'을 우리는 '일상'이라고 부릅니다. 현대인들의 최대 관심사는 이 지루한 일상을 무엇으로 채울지에 닿아 있다고 볼 수 있습니다. 일상을 흘러가는 시간으로 보지 않고 채워야 하는 개념으로 바라본다면, 어떤 색으로 일상을 물들일지 고민해 보게 됩니다.

사주팔자 크리에이터 '도화도르'는 일상에 관해 이렇게 말했습니다.

"살다 보면 어떤 일상은 역사가 되는 순간이 있다라는 말이 떠올라서 당분간은 일상이 역사가 될 만큼 더 부지런하게 살아야겠다 싶었습니다."

　누군가의 일상은 역사가 되기도 합니다. 심지어 자신의 존재감을 드러내고 세상을 바꾸는 일상을 지닌 사람들도 있어요. 모든 일상이 대단할 필요는 없지만, 소중한 시간을 무엇을 채워나갈 것인지는 꼭 한 번 고민해 봐야 하는 주제입니다. 당신의 일상이 어떤 영향력을 가질지 모르니까요.

　일상을 역사로 만드는 최고의 방법은 '나만의 루틴'을 만들고 구체화하는 것입니다. 일상을 지탱하는 기둥을 튼튼하게 세운 사람만이 수많은 어려움 속에서도 자신의 형태를 오롯이 유지할 수 있습니다. 무너지지 않는 사람이 건강한 자기 정체성을 형성할 수 있어요. 인간의 정체성은 평소의 모습들로부터 좌우된다고 해도 과언이 아닙니다.

　습관의 힘을 강조하는 콘텐츠가 넘쳐나는 이유가 무엇일까요? 지겨울 정도로 여기저기에서 습관을 잘 들여야 한다고 말합니다. 그러나 정작 그 이유에 관해서는 제대로 알지 못합니다. 습관은 코어와도 같아요. 디스크로 무너진 허리를 코어 근육이 잡아준다면, 우리는 큰 통증으로부터 해방될 수 있습니다. 혼란 속에서도 중심을 잡고, 불안을 잠재울 수 있다는 뜻입니다.

　정신이 혼란스러우면 생활 전반이 무너지기 쉽습니다. 방을 보면 그 방에 머무는 사람의 상태가 보이는 것처럼요. 생활이 무너지기 시작하면 감정과 기분을 챙길 여유가 사치로 느껴집니다. 그럴 때일수록 생활을 지탱하는 습관에 충실해져야 합니다. 가령 기분이 별로라고 해서 끼니를 거르거나 귀찮다는 이유로 씻지 않는다면, 평범한 일상을 기대할 수 없게 돼요. 씻고 먹고 청소하고 빨래를 해야 합니다. 당신 삶의 틀을 온전히 유지하기 위해 반드시 지켜내야 할 저마다의 일상 루틴이 있을 것이니, 필사적으로 지켜내세요.

루틴과 긴밀한 키워드가 '아침'입니다. 당장 서점으로 가자기 개발서 코너를 살짝만 둘러보아도 '모닝 루틴'과 관련된 책이 범람하고 있습니다. 우리는 왜 아침을 유용하게 사용해야 할까요? 저는 그 시간대에 대단히 특별한 비밀이 숨겨져 있다고 생각하지는 않습니다. 특별한 점이 하나 있기는 해요. 아침이야말로 우리가 '침범당하지 않을 가능성'이 가장 큰 시간이라는 거죠. 우리의 시간은 낮부터 밤까지 많은 소음들로부터 침범당하고, 도둑맞고, 빼앗깁니다. 셀 수 없이 수많은 유혹에 노출되어 있습니다. 게다가 그 유혹은 내 의지를 뛰어넘어 거절할 수 없을 때도 있습니다.

《조선일보》의 이옥진 기자가 일본의 생활용품 브랜드 '무인양품無印良品(MUJI)'의 철학을 구축한 디자인계의 거장 '하

라 켄야'에게 이런 질문을 한 적이 있습니다.

옥진 기자 행복을 정의한다면?
하라 켄야 하고 싶은 일이 있는 상태!

1958년생 디자이너의 삶이 여전히 행복한 이유는 '하고 싶은 것'이 있고, 그것을 만들어 내는 과정이 선명하기 때문일 것입니다. 행복한 일상도 마찬가지입니다. '하고 싶은 일이 있는 상태'를 매일 유지하는 것, 그리고 '이루고 싶은 목표'를 잘게 쪼개 매일 해낼 수 있는 단위의 습관으로 만들어 반복하는 것입니다. 인생을 바꾸는 단 하나의 마법이 있다면 '했던 일을 또 한 번 해내는 힘'에 숨어 있을 것입니다.

단언컨대 우리 인생에서 반복 없이, 꾸준함 없이, 부지런함 없이, 실행 없이 이루어지는 것은 단 하나도 없습니다. 인간은 보통 무언가를 잘 해내거나 좋은 결과물을 만들기 위해 특정 행위를 반복해요. 열심히 노력하고 연습하다 보면 보이지 않던 게 보이기도 하고, 안 되던 것도 잘 되는 순간이 옵니다. '몸이 기억한다'라는 표현처럼 정신이 흔들리더라도 무언가를 해낼 수 있는 건, 바로 이 반복으로 인해 탄생한 습관 덕분이겠죠.

루틴의 중요성에 대해 거창하게 설명했지만, '내가 실행할 수 있는 가장 작은 단위'에서부터 시작하면 됩니다. 간단하게는 생활과 관련된 부분부터 차근차근 접근하는 것도 좋습니다. 끼니 거르지 않기, 30분 산책하기, 영양제 챙겨 먹기, 외출 후 손 씻기, 자기 전에 책 10분 읽기처럼 사소하거나 지극히 개인적인 일도 좋습니다.

당신이 일상을 지켜내는 힘은 어디에서 나오나요? 어떤 습관이 든든한 기둥이 되어 당신의 삶을 지탱하고 있나요? 삶을 의미 있는 방향으로 이끈 사람들, 역사가 되는 일상을 지닌 사람들은 모두 작은 습관을 소중히 여겼다는 사실을 잊지 마세요.

어수선한 일상을 정돈하고 싶은 당신이 기억할 9가지

☑ 일상은 흘러가는 것이 아니라 채워지는 것이다. 현대인들의 최대 관심사는 이 일상을 '어떻게' 채울지다.

☑ 습관은 코어 근육처럼 혼란을 겪는 순간에도 중심을 잡고, 불안을 잠재운다.

☑ 인간의 정체성은 자신의 시간을 어떻게 사용하느냐에 따라 좌우된다. 나를 지탱해 줄 시간을 습관으로 만들어라.

☑ 정신이 혼란스러우면 생활이 무너지기 쉽다. 혼란을 겪는 시기일수록 생활을 지탱하는 습관을 만들어야 한다.

☑ 유의미한 일상 루틴을 발견했다면 의지를 들여 필사적으로 지켜내야 한다.

☑ 일상을 행복하게 만들고 싶다면 '하고 싶은 일이 있는 상태'를 유지해야 한다. '이루고 싶은 목표'를 잘게 쪼개 매일 해낼 수 있는 단위의 습관으로 만들어 반복하는

것이다.

☑ 우리는 시간을 자주 침범당한다. 셀 수 없이 많은 유혹
에 노출되어 있고, 때론 거부할 수 없다.

☑ 우리 인생에서 반복 없이, 꾸준함 없이, 부지런함 없이,
실행 없이 이루어지는 것은 단 하나도 없다.

☑ 삶을 의미 있는 방향으로 이끈 사람들은 작은 습관을
소중히 여겼다.

이 길이 아니면 다른 길로 가면 된다

곳곳에서 '일상의 균형'을 중요시하는 분위기가 이어지고 있습니다. 번아웃 증후군, 워라밸(work-life balance) 같은 단어는 우리에겐 이미 너무 익숙하게 느껴질 정도니까요.

자신에게 주어진 일과 삶의 영역에서 최선을 다하고 있지만, 어느 순간 뒤돌아보면 자신이 지금 무엇을 하고 있는지, 무엇 때문에 이렇게 열심히 살고 있는지 납득하는 일에 실패하는 경우가 생깁니다. '방향을 잃어버린 최선'은 마음을 금세 상하게 하고 육신까지 지치게 만들어요.

2021년 3월, tvN 예능 〈유 퀴즈 온 더 블럭〉 100회 특집에 스페셜 게스트로 아이유가 출연했습니다. 그 누구보다 자신의 영역에서 열심이고, 언제나 최고의 성과를 내왔으며, 대중들로부터 압도적인 지지와 사랑을 받는 아이유의 고민이 굉장히 동시대적이고 지극히 개인적이어서 놀랐던 기억이 있습니다.

"제가 진짜 열심히 살았다고 생각했는데, 열심히 한 건 일밖에 없구나. 이걸 과연 '열심히 살았다'라고 할 수 있나? 일이 삶의 전부는 아닌데, 일만 하느라 다른 부분은 남들보다 열심히 못 한 것 같더라고요. 내가 주변을 잘 돌봤나? 스스로를 잘 돌봤나? 내 집이 잘 정돈되어 있나? 내가 내 공간에 대해서 얼마나 알고 있나? 이렇게 스스로를 돌아보니, 제가 너무 제 일상에 대해서 서툰 것들투성이더라고요. 내가 중독이 되어 있었던 건 '성취, 보람'이 아닌, 일이 주는 '자극적임'이었던 거 같은데, 이게 과연 건강한 열심이었나? 하는 생각이 들었어요. 그래서 앞으로는 좀 달라져야겠다고 생각하는 중이에요. '일과 삶의 균형을 잡으며 건강하게 살아가야겠다' 이렇게요."

일과 삶의 균형이 무너져 힘듦을 호소하는 사람에게 '그럴때일수록 열심히 해라', '정신을 차려라', '더욱 집중해라', '힘을 내라', '해낼 수 있다'와 같은 지나치게 희망적인 조언은 도움이 되지 않습니다. 오히려 마음의 짐을 늘리는 일이 될 수 있어서 조심스럽죠. 우리가 자주 사용하는 전자제품도 과열이 되면 전원을 껐다가 켜야 합니다. 서비스센터의 첫 번째 점검이 '재부팅'인 이유와도 같습니다. 하물며 더 복잡한 사고 구조를 가진 사람은 말할 것도 없겠죠. 신체도, 생각도, 고민도 내가 감당할 수 있는 범위를 넘어 과열되면 잠시 멈추고 상태를 점검하는 시간을 가져야 합니다.

슬프게도 번아웃을 경험한 사람들은 대체로 자신의 삶에 최선을 다한 '열심히 하는 사람들'입니다. 무언가를 열심히 했다는 것은 분명 유의미하죠. 무언가에 대해 '진심으로 임하는 태도'는 가치가 있어요. 하지만 모든 과정이 당신이 원하는 결과를 가져다주지는 않을 것입니다. 만약 누군가 "무조건적으로 결과를 보장할 수 있다"라고 말했다면, 그건 오히려 삶을 기만하는 태도입니다.

과정은 그 자체로 충분한 의미를 지닙니다. 당신이 삶 속에서 넘어지고, 번아웃에 빠지고, 온 힘을 다해 살았음에도 허무를 느끼는 이유는 모든 의미를 결과에만 두었기 때문입니다. 과정은 당연히 결과를 위해 필요하지만, 결과에 따라 과정까지 평가 절하될 이유는 없습니다. 진정으로 빛나는 가치와 성장의 비밀은 과정에 숨겨져 있다는 것을 잊지 마세요.

자신이 이루고자 하는 목표를 기어코 실현한 사람들은 하나도 빠짐없이 과정을 소중히 여길 줄 아는 사람들이었습니다. 과정을 함부로 대하는 사람이 좋은 결과를 바라는 건 욕심이고, 이 욕심은 결국 불행으로 향합니다. 요행만 바라는 삶이 건강한 성장으로 이어질 수 없는 것처럼 말이죠.

번아웃에 빠지지 않기 위해선 결과 이상으로 과정을 섬세하게 다룰 줄 알아야 합니다. 충분한 의미도 부여할 수 있어야 하고요. 궁극적으로는 이런 사람들이 좋은 결과를 손에 거머쥘 가능성이 큽니다.

그래도 막다른 길에 직면한 듯 막막한 느낌이 든다면, 때로는 한 발자국 떨어져서 대수롭지 않게 대해보는 것도 좋습니다. '이 길이 아니면 다른 길로 가면 된다' 같은 마음이나 '이참에 못 가본 길로 한 번 가볼까?', '오히려 좋아', '그럴 수도 있지, 뭐' 같은 여유들 말이죠. 애초에 마음이 힘들어서 생긴 일이니, '마음먹기에 달린 승부'라고 생각하세요. 만약 이런 생각의 전환이 지친 마음을 조금이라도 움직여 줄 수 있거나, 새로운 가능성을 탐구하는 방향으로 이어질 수 있다면 이보다 효율 좋은 처방은 없을 것입니다.

번아웃 상태에서 대단한 무언가를 갑자기 이루기는 불가능합니다. 마음의 근력이 없는데 어떻게 그 무거운 결과물을 거뜬하게 들어 올리겠어요. 그러니 큰 성과를 바라기보다, 신체와 정신의 밸런스를 맞추는 단계부터 시작해 보세요. 어떤 위기가 와도 거뜬히 감당할 수 있도록요.

건강미를 지닌 사람들에게 비결을 물으면 절대로 대단한 답변을 들을 수 없을 것입니다. 획기적인 운동법이라는 건 사실 없는 것이나 마찬가지거든요. 아마 대체로 "특정 기간(ex. 1년)을 목표로 잡고, 매일 일정 시간(ex. 최소 1시간) 운동을 반복했습니다"와 같은 고루한 답변이 돌아올 거예요. 하지만 놀랍게도 이게 근육을 키우는, 멋진 몸을 만드는, 다이어트에 성공하는 본질적인 방법입니다. 너무 간단한데, 이걸 못하는 사람이 99%입니다. '성공한 1%의 비결'이라는 타이틀로 소개되는 비법들이 실상 별것도 아닌 듯 평범하게 느껴지는 이유도 같은 맥락입니다.

단단한 마음을 지닌 사람들은 쉽게 번아웃에 빠지지 않습니다. 혼란에 빠지더라도 금방 자신의 리듬을 찾아냅니다. 흔들리는 배 위에서도 균형을 잡을 수 있는 건, 흔들림을 감당할 수 있는 균형 감각을 지니고 있기 때문일 것입니다. 파도를 잠재울 방법을 찾는 건 어리석은 일이죠. 불가능한 일이기도 하고요. 당신의 마음이 쉽게 지치고, 번아웃에 빠지고, 작은 돌부리에도 걸려 넘어지지 않도록 마음의 근육을 단련하기를 바랍니다. 자신에게 쉼을 적절히 부여하고, 좋은 방향으로 생각을 전환하고, 과정을 소중히 여기고, 자신이 감당할 수 있는 가장 작은 단위의 실천부터 하나씩 다시 쌓아 올리세요. 우리에게 필요한 건 이해하고 아는 것이 아니라, 아는 것을 실천하는 힘입니다.

무너진 일상의 균형과 번아웃 상태는 의미 없이 널브러진 시간과 도피성 휴식을 통해 회복되는 게 아니라, 몸과 마음을 움직이려는 삶의 태도를 통해 극복할 수 있는 것임을 기억하세요. 당신은 당신의 삶을 반드시 일으켜 세울 수 있습니다.

번아웃을 경험하고 있는 당신이 기억할 10가지

☑ 방향을 잃어버린 버린 채 최선을 다하기만 하면 금방 몸과 마음이 빠른 속도로 소진된다.

☑ 자주 사용하는 전자제품처럼, 때때로 당신도 리부팅이 필요하다. 과열 시엔 사용을 잠시 멈추고 점검하는 시간을 가져야 한다.

☑ 최선을 다해 살았음에도 허무를 느끼는 이유는 모든 의미를 결과에만 두었기 때문이다. 진정으로 빛나는 가치는 과정에 들어 있다.

☑ 지쳐 있을수록 과정을 소중히 여기고 그것에 충분한 의미를 부여해야 한다.

☑ 그래도 힘들다면, 한 발자국 떨어져서 대수롭지 않게 대하려는 노력이 필요하다. '아니면 말지, 뭐' 하고 느슨하게 생각하면 된다.

☑ 마음을 단련하다 보면 어느 날, 우리는 무언가를 이루어 내고 있다. 마음이 튼튼해야 하고자 하는 일을 오랫동안 해낼 수 있다.

☑ 흔들리는 배 위에서도 균형을 잡을 수 있는 이유는, 흔들림을 감당할 수 있는 균형 감각을 지니고 있기 때문이다. 파도를 잠재울 방법을 찾는 건 어리석은 일이다.

☑ 적절히 쉬어 가라. 쉼 속에서 생각을 환기하고 전환하라.

☑ 당신에게 필요한 일은 이해하고 아는 것이 아니라, 아는 것을 실천하는 것이다.

☑ 무너진 일상의 균형과 번아웃 상태는 의미 없이 널브러진 시간과 도피성 휴식을 통해 회복되지 않는다. 몸과 마음을 움직이려는 의지를 통해서만 그 구렁텅이에서 벗어날 수 있다.

있으면 좋은 것, 있어야 하는 것,
없으면 안 되는 것

아무도 관심을 가지지 않는다는 이유로 대부분이 제 마음 돌보기에 소홀해집니다. 그러다 어느새 건조해진 자신을 발견하게 됩니다. 거칠어진 마음을 간직한 채 삶을 유지하기란 제법 피로한 일이라, 자신뿐만 아니라 그 주변까지도 불행하게 만들어요. 행복이라는 건 저 멀리 어딘가에서 갑작스레 내 품으로 날아드는 것이 아니라, 내 마음의 평화에서 시작됩니다.

'있으면 좋은 것'이 있고, '있어야 하는 것'이 있습니다. 그리고 그것을 넘어 '없으면 안 되는 것'이 바로 '자신을 사랑하는 일'입니다. 낮아진 자존감을 방치한 채 살아가지 않기로 결정하는 것. 무너진 마음을 돌보기로 결심하는 다짐이 그래서 중요합니다.

이 책의 목차부터 이곳 마지막 페이지까지 도달한 당신은 스스로의 마음이 어떤 상태인지, 삶의 과정에서 잊지 않아야 할 마음가짐은 무엇이 있는지, 몇 가지 가르침과 삶의 태도와 깨달음을 얻었을 것입니다.

때로는 만드는 것보다 유지하는 게 어렵다고 느껴지는 것들이 있어요. 건강한 몸도 그렇고, 사랑도 그렇습니다. 그리고 마음도 마찬가지예요. 튼튼한 마음가짐을 지니는 건 중요한 일이지만, 그 마인드셋을 오랫동안 유지하는 게 훨씬 더 중요합니다.

미국의 기업가 나발 라비칸트가 이런 말을 했어요.

"위대한 책을 쓰고 싶다면 자신이 먼저 그 책이 되어야만 합니다."

글을 쓰는 일은 제가 했지만, 이 책을 위대하게 만들 수 있는 건 당신의 몫일 것입니다. 그리고 그 여정은 나를 사랑하며 살아가기로 결심할 때, 어떤 상황에서도 나를 행복하게 해주기로 마음먹을 때 시작됩니다.

그러니 부디 이 책이 되어주세요. 스스로를 사랑하는 일에 부지런하고, 주변 사람들을 향한 넉넉한 시선을 지니고, 흔들리더라도 금세 자신의 자리로 돌아오는 관성을 지닌 그런 사람이 되어주세요.

그렇게 오늘 더 행복한 사람이 되어주세요.

박한평으로부터.

나를 사랑할 결심

초판 1쇄	2022년 10월 20일

지은이	박한평

발행인	유철상
편집장	홍은선
기획·편집	정유진
디자인	주인지, 노세희
마케팅	조종삼
콘텐츠	강한나
일러스트	임수현(@suhyun_illust)

펴낸곳	상상출판
출판등록	2009년 9월 22일(제305-2010-02호)
주소	서울특별시 성동구 뚝섬로17가길 48, 성수에이원센터 1205호(성수동2가)
전화	02-963-9891(편집), 070-7727-6853(마케팅)
팩스	02-963-9892
전자우편	sangsang9892@gmail.com
홈페이지	www.esangsang.co.kr
블로그	blog.naver.com/sangsang_pub
인쇄	다라니
종이	㈜월드페이퍼

ISBN 979-11-6782-104-1 (03190)